奴隷船の世界史

奴隸打造帝國

征服、殖民、剝削
從奴隸船看資本主義的
喋血貿易

混沌的現身！海上的移動監獄

布留川正博◎著
張萍◎譯
臺大歷史系教授　楊肅猷　審定推薦

前言——《魯賓遜漂流記》中的奴隸貿易

想必很多人都讀過《魯賓遜漂流記》（*Robinson Crusoe*，一七一九年）這本書吧？在此，我並沒有想要重述該書內容，不過那的確是一個刻苦艱難的故事，描述主人翁——魯賓遜在加勒比海上浮沉、漂流到遠洋孤島，並且在該處歷經數十年。他理性地規畫自己的時間，養育、種植各類動植物，心中抱持著希望，認為總有一天會有一艘船前來，帶他回到英國祖國。

作者丹尼爾・笛福（Daniel Defoe）於一六六〇年左右出生於倫敦，一七三一年辭世。但是，他在小說中卻將魯賓遜設定為一六三二年出生。魯賓遜的父親是一名出生於德國不來梅的外國人，同時也是貿易商。先是定居在英國東北部約克郡的海港——郝爾，隨後又從該處移居至內陸的約克市。魯賓遜的父親與當時居住在該城鎮、出身名門望族的母親結婚。魯賓遜因而誕生在約克市。

事實上，《魯賓遜漂流記》的故事前段僅描述到魯賓遜漂流至孤島為止。接著便精彩描繪出當時席捲英國，甚至是整個歐洲世界的真實情況。讓我們再稍微深入揭開一些與本書序幕相關的故事內容吧！

魯賓遜有兩位哥哥。大哥擔任英國陸軍中校，後戰死在與西班牙軍隊交鋒的敦克爾克附近。關於二哥的下落則一無所知。父親僅讓三兒子魯賓遜接受教育，打算讓他成為一名律師。然而，當時魯賓遜並不從父願，強烈想要登船出航。他終日期盼至海外一展抱負雄心。對於自己未來的人生之路，不斷與父親發生衝突。站在父親的立場，他認為「魯賓遜的社會地位適中」「處於幸福人生最適當的身分位階」，「想出國闖出一番天地」的想法簡直愚蠢至極。

然而，魯賓遜仍不顧父親反對，於一六五一年從郝爾市搭乘航向倫敦的船隻。但是，他所搭乘的船隻卻因為逆風而擱淺在諾福克郡的雅茅斯錨地。天氣驟然轉變為猛烈的暴風雨，導致船舶沉沒，只能改由陸地前往倫敦。

魯賓遜接著再從倫敦搭乘前往非洲沿岸的船舶。該船船長過去曾在幾內亞大賺一筆，因此想再度前往幾內亞。因為與船長有點交情，所以魯賓遜先買好大約四十英鎊的玩具以及雜貨等堆放在船艙內，在非洲沿岸換取砂金，再將砂金帶回倫敦，順利轉賣獲取將近三百英鎊。那次的幾內亞航海之旅相當成功。不僅如此，有過真實航海經驗的魯賓遜學會了航海技術以及商務貿易的方法。

後來，魯賓遜再度搭乘同一艘船，打算採取與前一次相同的交易模式。然而，先前的船長已經辭世，改由一位航海士擔任新船長。這次等待他的卻是噩運。在前往加納利群島途中，遭到以塞拉（現為摩洛哥的塞拉港）為根據地的土耳其海盜船襲擊。雖然他們也有反擊，但是結果只能投降，存活下來的船組員被俘虜至塞拉，魯賓遜自己則成為海盜船船長的私人奴隸。身為一名寄人籬下的入室奴隸，魯賓遜只能在船長家中自食其力，度過了兩年時間。期間，魯賓遜一心想要逃離奴隸身分。最後終於等到機會上門。他駕駛了一艘帶有稍大船帆的釣魚專用小艇，與另一名叫做萊克的少年奴隸一起出海逃跑。他們花了幾天的時間離開塞拉，沿著海岸南下。

由於食物及飲用水即將用罄，他們停泊在一個有人煙的海岸附近，並且用手勢向當地人交涉，表達對食物的需求。當地人在海岸放置乾肉與穀物後，即退至後方。魯賓遜取用食物後，覺得必須有所回報。剛好手邊有一頭用槍打死的豹，便將豹送給當地人，僅留下豹的皮毛自用。將豹肉交給當地人後，他們又得到更多的食物及飲用水。這樣的交易可以說是文明人類學中的一種「沉默貿易」（Silent Trade）。

魯賓遜持續往南行。幾天後他們終於看到左側的維德角半島，以及右側的維德角群島（參照頁三十三之圖1-1）。突然間，一起與之行動的萊克發現遠方有帆船，並且確認該船是葡萄牙船舶。他們的小艇便滿帆全速往該艘船舶靠近，但是仍然有一段距離。還好，該艘葡萄牙船舶貌似發現了他們，於是放慢船速。魯賓遜與萊克因而獲救。該艘葡萄牙船舶正在航向巴西的途中，花了二十二天後抵達巴西東北部的巴伊亞州（參照本書卷首地圖）。當時巴西的首都即設置於該處。船長不僅沒有向魯賓遜提出船資等任何要求，甚至還支付西班牙幣八十披索換購他的小船。由於少年奴隸萊克希望能在船長手下工作，魯賓遜便和船長交涉，條件是倘若萊克成為基督教徒即可在十年後恢復自由身，便將萊克讓渡給船長。船長還向魯賓遜採購豹皮及其他物品，最終魯賓遜獲得西班牙幣二百二十披索，遂以此作為根基開啟其在巴西的生活。

船長還向魯賓遜介紹在當地經營甘蔗種植園的人物。魯賓遜在那位經營者身邊遭受短暫的磨難，同時也學習到製糖方法。後來他強烈希望進入巴西當地的經營圈，於是買下屬於自己的土地，自行耕作兩年，第三年開始栽種煙草。

接著，他開始與住在隔壁的葡萄牙人朋友討論，著手準備能夠栽種甘蔗的土地。那段時間，他動用自己存放在倫敦共一百英鎊的資金，購買務農用具、鐵製品、農具，並且從倫敦運來英國製的布匹、毛織品等。這些都是由先前的葡萄牙船長代勞協助處理。不僅如此，船長還帶來一名相當機靈、擁有六年資歷的契約僕人。由於英國產品能夠在巴西賣到很高的價格，魯賓遜即以此作為資本，買下一名黑人奴隸（後簡稱黑奴），並且多僱用一名歐洲出身的契約僕人。栽種煙草的事業上軌道後，看來貌似順風順水。

然而，在巴西定居的第四年，巴伊亞州的三名種植員給魯賓遜送上一份提案，希望魯賓遜能夠以領航員的身分前往幾內亞購買一些巴伊亞州當地相當缺乏的黑奴。在那之前，魯賓遜已經從這些人身上聽聞過許多在非洲的交易經驗。

魯賓遜考量自己不需負擔任何費用，而且倘若黑奴貿易成功，自己也可以獲得一些黑奴配額等條件，便接受該提案。經過萬全準備後，魯賓遜於一六五九年九月一日從巴伊亞州的薩爾瓦多港出航。無獨有偶，剛好和八年前受到父母親反對而從郝爾港出航是同一天。這次的船是一百二十噸，附有六門砲，除了船長、勤務人員、魯賓遜，還有十四名船員。船內囤放著串珠、玻璃製品、貝殼製品、鏡子、小刀、剪刀、斧頭等用來交換奴隸的物品。

剛開始時，船沿著海岸向北航行。約十二天後穿過赤道，繼續朝東北方目標前進。當時，有一名船員因為中暑死亡，另一名船員與年輕的勤務人員也接連中招。沒多久後就遭遇第一次的暴風雨。連續十二天都一直被那場暴風雨襲擊，魯賓遜好幾次都覺得船舶會沉沒。最後船舶被迫往西，來到不知道是南美洲的圭亞那沿岸，還是接近奧里諾科河的河口附近。由於船身受到相當嚴重的損傷，為了修理船隻，他們打算前往加勒比海群島（西印度群島）的巴貝多島。然而沒多久後又遭遇到第二次的暴風雨。

船舶往西漂流，突然觸碰到淺灘。他們趕緊降下船上的救生小船，全員乘坐在小船上。為了奔向陸地，他們拚命划動船槳，然而「狂暴的大浪」還是從小船後方襲來，造成船身翻覆。魯賓遜雖然吞進許多海水，最後仍輾轉到達海岸。然而，他發現竟然只有他一人生還。觸礁的船舶擱淺在遙遠的一方，接下來就開啟了他眾所周知的孤島生活。

藉由上述的故事，讓我們先來確認幾個歷史背景。

第一，魯賓遜即使遭到父母親反對仍懷有雄心壯志，強烈希望往海外發展。雖然他沒有很明確說出口，但是心中強烈感受到當時的背景應該是可以透過開發海外殖民地以及海外貿易致富的時代。

在真實的歷史中，到十七世紀中葉以前，英國在北美維吉尼亞州建立殖民地，以便進出加勒比海。一六二七年繼巴貝多島之後，一六五五年也開始在牙買加進行殖民。然而，在海外貿易方面仍存在競爭對手以及一些風險。魯賓遜從倫敦啟程的第二次航海之旅遭到土耳其海盜襲擊、成為奴隸，就是在闡述這件事情。因為在穆斯林世界裡也普遍存在著奴隸制度。

第二，魯賓遜被葡萄牙船舶救起並且前往巴西的背景，剛好是英國與葡萄牙關係友好的時間點。十六世紀末到十七世紀，巴西進入「砂糖時代」，奴隸制甘蔗種植園蓬勃發展。連帶著也進行菸草栽培。後者是即使資金不多也可以立即開始的農場生意。魯賓遜從自給自足的穀物栽培到菸草栽培，並且想要擴大種植園規模，進入甘蔗栽培之際，體認到必須擁有奴隸勞動力才行，因此為了奴隸貿易前往非洲。而後，便有許多苦難等著他。

作者丹尼爾・笛福就是在這樣的歷史背景下，創作出《魯賓遜漂流記》這個故事。後續還有更詳盡的描述。十五世紀中葉，以葡萄牙商人為先驅開啟了大西洋奴隸貿易。到了十七世紀，大西洋奴隸貿易成為包含加勒比海群島等地在內，南北美洲殖民地開發的必要條件。繼葡萄牙人之後，荷蘭人也參與規畫奴隸貿易。十七世紀後半，英國與法國為了進行奴隸貿易皆成立獨占公司。接著，十八世紀進入奴隸貿易的全盛期。負責執行該貿易的即是所謂的奴隸船。十八世紀，用於進行奴隸貿易的專用船舶穿梭在大西洋上。

接下來，本書的各個章節即是以奴隸船為主軸，闡述圍繞著大西洋奴隸貿易的世界史。此外，亦期望能深入探究現代奴隸制度情形，以及殘存迄今的種族歧視問題。

第一章「近代世界與奴隸貿易」中，會藉由千里達及托巴哥共和國的歷史學家，同時也是政治家的埃里克・威廉姆斯（Eric Eustace Williams）所著《資本主義與奴隸制度》（*Capitalism and Slavery*，一九四四年）一書，揭開近代資本主義發展中不可或缺的奴隸制度，以及支配該制度的奴隸貿易。此外，可從中得知作為大航海時代先驅者的葡萄牙人在把目標對準其東邊「東印度（Las Indias）」（包含印度次大陸及其以東的東南亞、中國、日本）時，亦南下至非洲各地設立貿易據點。因此，很明顯地，開啟了副產品——奴隸貿易。

近幾年，當時從事奴隸貿易的船舶資料庫被公諸於世。該資料庫相當龐大，在這約莫四百年間，就有超過三萬五千筆的資料。本書撰寫時亦期望儘可能運用該資料庫。此外，打造出新世界最大殖民地帝國的西班牙認為，開發一事必須要有勞動力才行。不過，西班牙在十九世紀之前，奴隸勞動人口的調度幾乎都是委託給其他國家的貿易業者。該制度稱作「奴隸貿易專營權（阿西恩托，Asiento）」。

第二章「驅動奴隸船的相關人物」中，我們把焦點放在奴隸船本身的結構。這艘可以迅速從非洲航向新世界帝國的路徑——「中間航線」、可以裝進最多名奴隸、損失可達到最低程度等各項條件兼備的奴隸船究竟長得什麼模樣？奴隸船簡直就是一座「移動式監獄」，船上經常伴隨著奴隸叛亂等危險。此外，我們也想一探奴隸船究竟是如何從非洲各地獲取這些奴隸？奴隸船中的奴隸們又會遭遇哪些經歷？

實際驅使奴隸船的有船長、船員以及水手們。在奴隸船上，船長可以行使其獨裁權力，將水手當作「奴隸」般使喚。另一方面，船長與水手又必須在船上共同防禦奴隸們所造成的各種危險。

最後，「奴隸商人」是指在歐洲各地所謂的奴隸貿易港上，統籌整個奴隸貿易並且投資該貿易的資本家。他們都是當地富裕的名門望族。此外，文中還會提及母國仲介商，他們會收取新世界帝國各地購買奴隸時開立的票據。期望能在這個章節中儘可能描述出與奴隸船相關的人物。

第三章「邁向廢止奴隸貿易之路」是以率先要求廢除奴隸貿易制度的英國為主，將焦點擺在廢奴運動的核心人物及相關勢力。首先，經由一七七二年薩默塞特案（Sommersett's Case）的判決，思考在英黑人相關問題。此外，亦提及一七八七年以廢奴運動（Abolitionism in the United Kingdom）為名，集結核心勢力的貴格會教徒與英國國教會福音主義派所扮演的角色。這些都會連接到草根請願連署運動，以及在議會中的遊說運動。另一方面，歐洲大陸正在進行法國大革命，與之連動的是在加勒比海的法國領地——法屬聖馬克（海地）所發生的大規模奴隸叛亂與革命運動。

一八〇七年，英國持續推動廢止奴隸貿易，隔年，美國亦宣布廢止奴隸貿易。之後，英國政府利用外交及軍事壓力干預其他國家的奴隸貿易活動。十九世紀最大的奴隸輸入地區為巴西及古巴。特別是在巴西地區，約占十九世紀奴隸輸入量的六成。古巴奴隸輸入的相關事件是一八三九年奴隸船——「愛米斯塔特號（La Amistad）」的奴隸叛亂事件。美國與西班牙政府也因該事件，被追究其對奴隸貿易及奴隸制度的態度。

廢止奴隸貿易後，奴隸制度仍持續存在。英屬西印度群島仍有甘蔗種植園，美國南部有棉花種植園，巴西東南部則是咖啡園。在第四章「漫漫長路——從廢止奴隸制度到現代」中，會整理、比較各種奴隸制種植園的實際狀況，以及邁向廢奴之路的歷史情勢。然而，即使廢止奴隸制度，從奴隸身分解放出來的他／她們迄今仍處於社會最底層，持續受到差別待遇。

此外，奴隸制度雖然遭到廢止，種植園仍必須持續經營下去，因此除了美國之外，英屬西印度群島以及巴西都引進了大量移民人口，期望藉此取代奴隸的勞動力。一八八八年，巴西廢止奴隸制度後，奴隸制度看似已於世界銷聲匿跡，但是仍有餘燼殘存於現代。現代奴隸制度的特徵是集中在更為弱勢的女性或是孩童身上。我們期望這樣的情形最終能再不復見。

目錄

製圖＝前田茂實

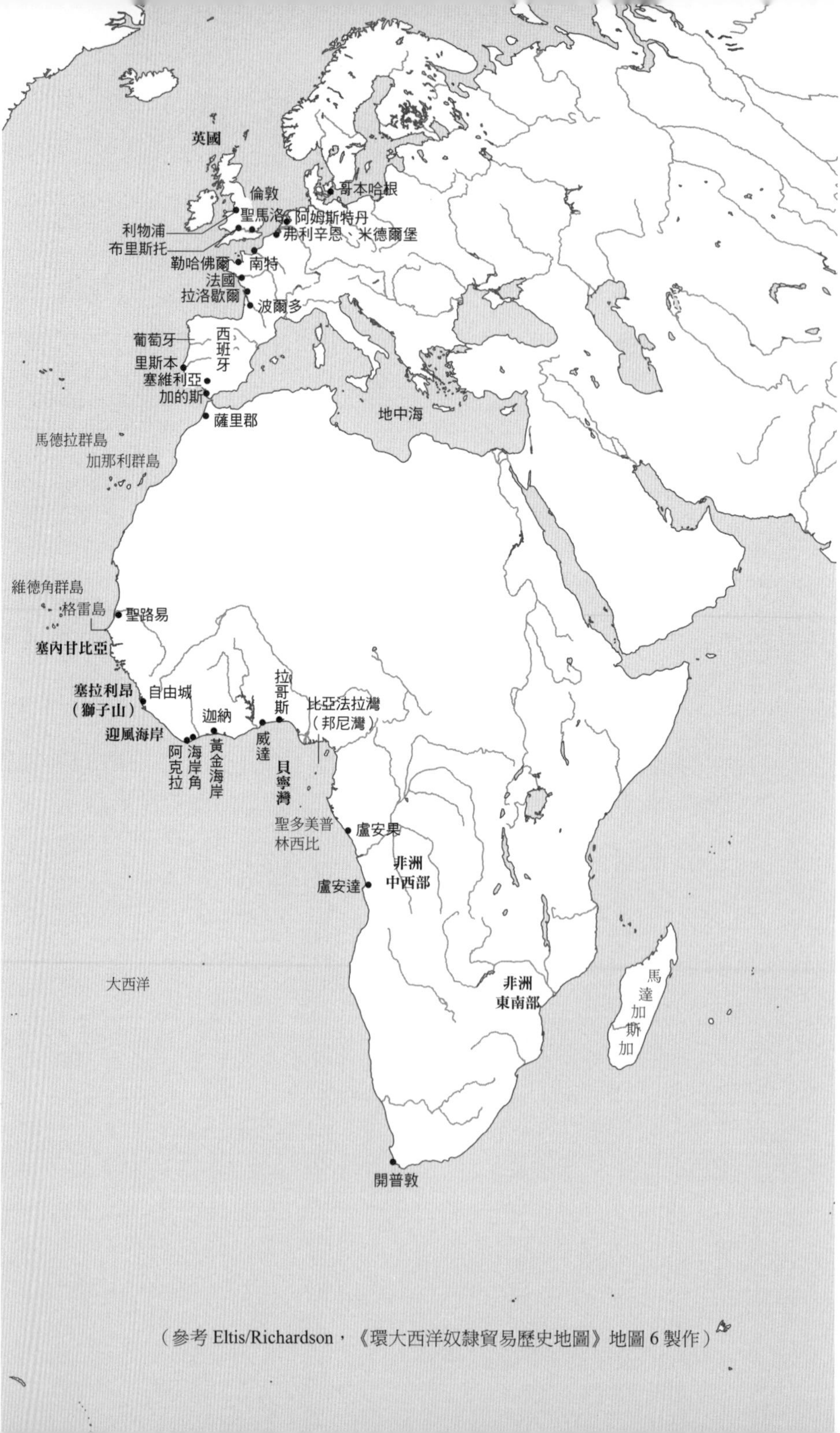

（參考 Eltis/Richardson，《環大西洋奴隸貿易歷史地圖》地圖 6 製作）

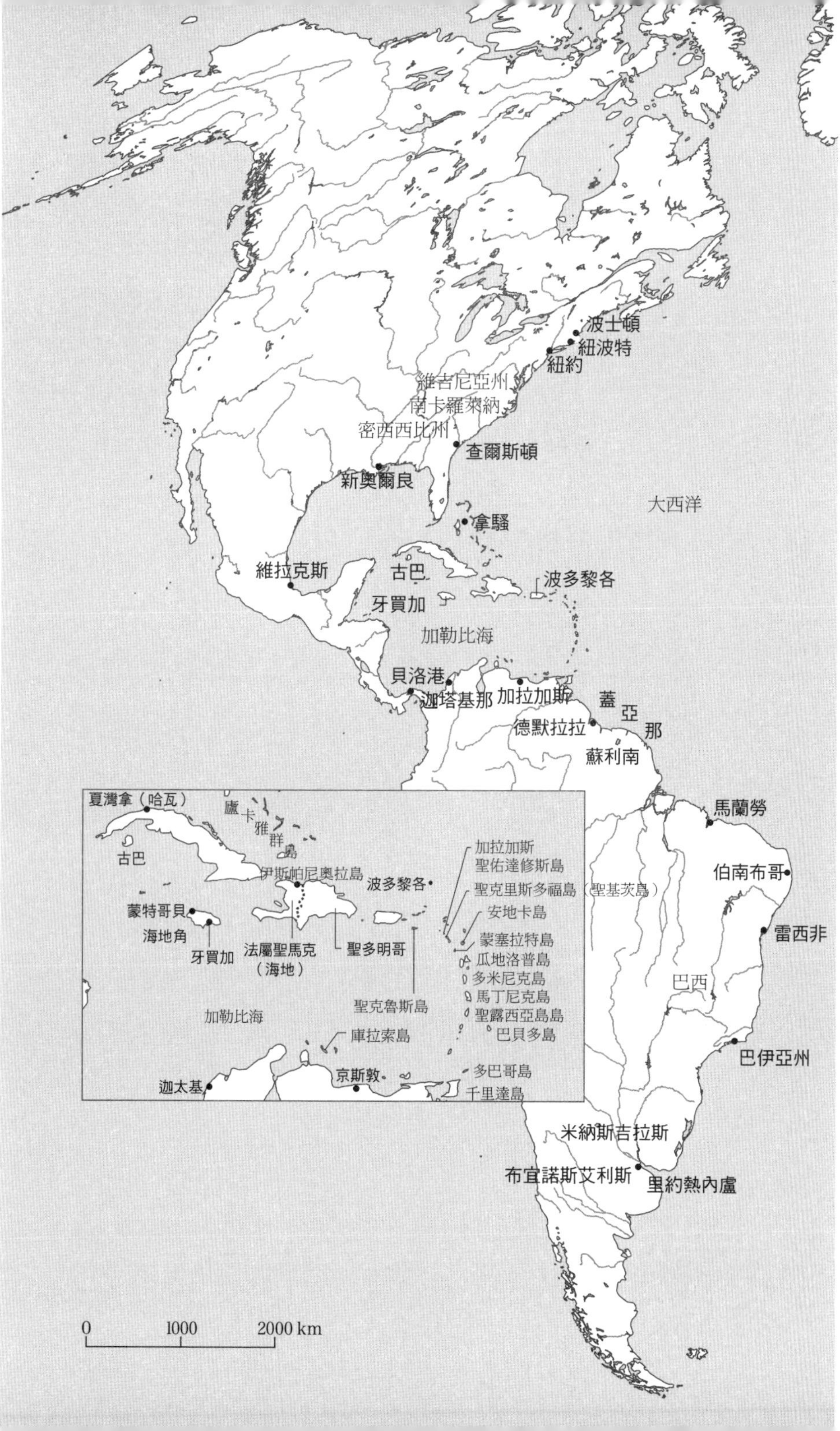
波士頓
紐波特
紐約
維吉尼亞州
南卡羅來納
密西西比州
查爾斯頓
新奧爾良
大西洋
拿騷
維拉克斯
古巴
波多黎各
牙買加
加勒比海
貝洛港
迦塔基那
加拉加斯
蓋
亞
那
德默拉拉
蘇利南
馬蘭勞
伯南布哥
雷西非
巴西
巴伊亞州
米納斯吉拉斯
布宜諾斯艾利斯
里約熱內盧
夏灣拿（哈瓦）
盧卡雅群島
古巴
伊斯帕尼奧拉島
波多黎各
加拉加斯
聖佑達修斯島
聖克里斯多福島（聖基茨島）
安地卡島
蒙塞拉特島
瓜地洛普島
多米尼克島
馬丁尼克島
聖露西亞島島
巴貝多島
蒙特哥貝
海地角
牙買加
法屬聖馬克
（海地）
聖多明哥
聖克魯斯島
加勒比海
庫拉索島
迦太基
京斯敦
多巴哥島
千里達島
0
1000
2000 km

第一章
近代世界與奴隸貿易

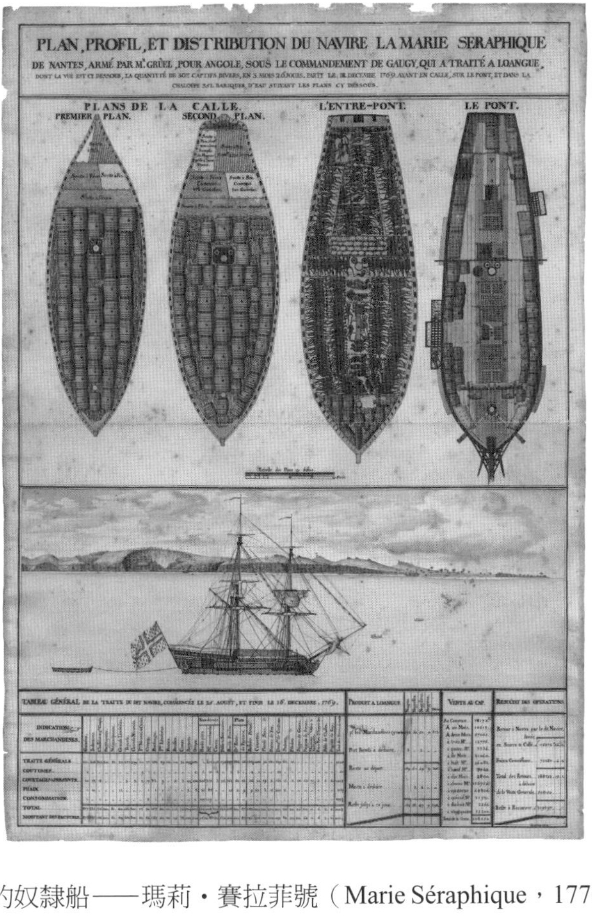

法國南特的奴隸船——瑪莉・賽拉菲號（Marie Séraphique，1770 年，現收藏於南特歷史博物館）。應船舶擁有者要求，描繪出該船舶的樣貌。南特是法國最大的奴隸貿易港，因此當地博物館積極驗證過去那段史實。

一　奴隸制度在世界史上的意義——埃里克・威廉姆斯的疑問

資本主義與奴隸制度

從《魯賓遜漂流記》這本小說中孕育而出的即是所謂的重商主義時代。魯賓遜不滿足於自己的中產階級地位，期望朝海外發展、更上一層樓，可以說完全展現出該時代的精神。他在遠洋孤島上生活了二十幾年，後來回到英國，擁有五千英鎊以上的現金以及年收入一千英鎊以上的財產，還結了婚，實現自己最初的夢想。他不斷累積航海以及經商經驗，雖然中途曾遭遇各式各樣的苦難，卻在巴西擴展個人農地，成功栽種菸草並獲得財富。

《魯賓遜漂流記》的故事告訴我們，就算魯賓遜當時沒有出海，也有各種獲取財富的方法源源不絕地從海外湧入。

其中，大西洋奴隸貿易即是在產生利益方面最為重要的貿易方式之一。十八世紀的英國商人馬拉奇・波斯特萊斯維特（Malachy Postlethwayt）表示，奴隸貿易是「所有商業的根源、基礎，相當於啟動所有裝置的發條」。魯賓遜本身雖然曾經失敗過，但是也了解了奴隸貿易的可能性。

奴隸貿易通常具備「三角貿易」結構。奴隸船先從歐洲各個港口囤積可以用來交易的商品後，再開往非洲（第一邊）。在非洲的貿易據點，透過交換這些商品來購買奴隸，並且將奴隸們關押在船艙內、橫渡大西洋，抵達所謂的「中間航線（Hayakawa Novels）」——包含加勒比海群島（西印度群島）的南北美洲各地（第二邊）。在該地用奴隸換取砂糖、咖啡或是棉花等殖民地產品，再回到歐洲母國販售（第三邊）。

埃里克・威廉姆斯（Eric Williams）發現三角貿易的重要性，並且大肆宣傳此舉將會帶來龐大的利益。其主要著作《資本主義與奴隸制度》（*Capitalism and Slavery*，一九四四年）中亦曾闡述三角貿易對英國產業來說具有一石三鳥的效果，除了可以做為英國產品的銷售市場、生產英國人所需的產物，還能夠累積資本成為供應產業革命資金需求的主要來源。因此，他強調資本主義發展的核心即是奴隸貿易以及奴隸制度。

在此，先簡單描述威廉姆斯的經歷。他在一九一一年出生於加勒比海群島的千里達島。父親是一名郵局專員。威廉姆斯自年幼起即展現豐富的才華，他畢業於女王皇家學院（Queen's Royal College），並且在獲得獎學金後前往英國牛津大學留學，於一九三八年取得牛津大學博士學位，隔年起的數十年時間都在美國華盛頓哥倫比亞特區的霍華德大學任教。他不僅是一名學者、教育學家，同時也是一名政治家。為了讓母國從英國獨立，他創設「人民民族運動黨（PNM）」，並成為其領導者。一九六二年千里達及托巴哥共和國獨立時，亦擔任該國首任總理。

威廉姆斯理論

《資本主義與奴隸制度》中，最知名的部分是威廉姆斯對歷史的明確剖析。「十八世紀的商業資本主義建立了奴隸制度，並且藉由獨占方式建立起富足的歐洲。這樣一來雖然促使十九世紀的工業資本主義成形，但是也與商業資本主義、奴隸制度以及其商業模式呈現對立狀態，破壞該勢力的正是十九世紀的工業資本主義，別無其他。」

回顧從商業資本主義到工業資本主義的馬克思主義「社會發展五階段論」，即可發現其明確顯示出，獨占以及奴隸制度有助於蓄積資本。所謂獨占，一言以蔽之就是指母國獨占殖民地，並且藉由奴隸制度從社會底層支配該殖民地的經濟。

馬克思主義最正統的理解方式是：「一直以來奴隸制度就是一種古典、古代的勞動支配方式，近代的奴隸制度只不過是過去遺留下來的制度，資本主義與奴隸制度基本上無法並存」。然而，威廉姆斯卻主張近代資本主義的發展基礎就是奴隸制度。

附帶一提，繼威廉姆斯之後經過二十餘年，伊曼紐爾・沃勒斯坦（Immanuel Wallerstein）等人提出「世界體系理論（World-systems theory）」。根據他們的說法，所謂的資本主義是指以獲取利潤為動機，有組織地生產、交換、消費的系統，是最原始的「世界經濟」。

這樣的世界經濟是由核心、半邊陲、邊陲等「三極構造」組成。位居核心的勞動管理模式為「僱傭勞動（自由勞動）」，半邊陲的管理模式是「半強迫勞動（典型的佃農勞動）」，邊陲則是「強迫勞動（典型的奴隸勞動）」。這三種模式合為一體，成為資本主義世界的運作機制。財富或是經濟剩餘的部分從邊陲開始移至半邊陲、核心，因此，核心日漸富裕、邊陲則逐漸變得貧困。

如此一來，「近代世界體系理論」其實賦予奴隸制度一個相當重要的位置。威廉姆斯等人的「世界體系理論」可謂先驅。

威廉姆斯的《資本主義與奴隸制度》初版發行時，雖然有兩、三篇的書評介紹，但是幾乎無法吸引民眾注意。直到「非裔美國人民權運動（Civil rights movement）」以及一九六〇年代前後「黑人力量運動（Black Power movement）」爆發成為非洲各國獨立運動的契機，威廉姆斯提出的奴隸制度與奴隸貿易重要性遂在歷史研究學者之間受到關注。雖然沒有完全獲得肯定、被大眾接受，卻是研究奴隸制度與奴隸貿易相關人員最初必讀的重要文獻。

他的理論被定型為「威廉姆斯理論」。在此將其內容整理為以下兩點：

①以奴隸制度（以及奴隸貿易）作為累積資本的基礎，形成工業資本主義（工業革命）。

②在產業資本主義發展過程中，廢止奴隸制度。

首先，關於①的部分，還可以再進一步詳細探討。威廉姆斯表示，十八世紀後期，原本累積在英國最大奴隸貿易港——利物浦的資本投資至位於東邊曼徹斯特的棉紡織業。透過奴隸貿易或是三角貿易所獲得的龐大利益，私底下又去投資棉紡織業，成為引發工業革命的導火線。

然而，此處的爭論點可以分為兩個方向做更進一步的討論。一個是奴隸貿易或是三角貿易真的能夠產生那麼大的利益嗎？另一個是獲得的利益具體而言都是投資在棉紡織業嗎？

威廉姆斯主張，利物浦的三角貿易利潤達百分之百也不稀奇。英國歷史學家彼得・安斯蒂（Peter R. Anstey）等人卻高呼反對意見，認為該利潤根本不到十%。他們認為，那是奴隸貿易處於非常順利的狀態下才可能出現的情形，但奴隸貿易原本就存在著各式各樣的風險，無法產生出威廉姆斯所指稱的利潤。關於「奴隸貿易利潤爭論」，後續也有伊尼科利（J. E. Inikori）等人針對低利潤提出相反論述，因此迄今仍無定論。

另一個爭論點是，透過三角貿易所獲得的利益是否全數投資至棉紡織業部門。然而，即

表 1　英屬西印度群島占英國貿易總額的比例（1713-1822 年）

（單位：%）

年	輸入	輸出	輸出入
1713-1717	17.9	5.0	10.7
1718-1722	16.7	3.9	9.9
1723-1727	18.3	4.4	10.9
1728-1732	20.4	3.9	11.7
1733-1737	18.6	3.0	10.1
1738-1742	19.9	4.1	11.6
1743-1747	19.4	4.3	10.3
1748-1752	20.9	5.3	11.5
1753-1757	23.5	7.1	14.0
1758-1762	23.7	8.2	14.3
1763-1767	24.0	8.4	15.3
1768-1772	27.2	9.7	17.7
1773-1777	28.7	11.6	19.7
1778-1782	29.3	13.4	21.0
1783-1787	26.8	11.3	19.1
1788-1792	24.3	12.0	17.8
1793-1797	24.3	13.2	18.0
1798-1802	27.6	14.3	20.2
1803-1807	30.5	13.1	20.8
1808-1812	30.3	14.0	20.9
1813-1817	27.6	11.9	17.6
1818-1822	25.8	9.7	15.9

出處：Mitchell/Deane, *Abstract of British Historical Statistics*, pp. 309-311.

註解：至 1755 年為止的輸入額，輸出額方面是至 1759 年為止英格蘭和威爾斯的數值，之後的數字包含蘇格蘭。

使是在《資本主義與奴隸制度》以及後續的研究都無法明確證實。這個部分仍留待後續研究。

接著，針對②的部分，是在美國獨立戰爭以後，奴隸制經濟開始衰退才有的討論。也就是說，在十八世紀後期的工業革命進行過程中，以奴隸制度為基礎的英屬西印度群島（牙買加及巴貝多等地）經濟開始衰退，在英國帝國內的重要性也相對降低，取而代之的是印度地區開始抬頭。

針對這一點，西摩・德里歇謝爾（S. Drescher）提出具體的經濟指標，表示西印度群島在大英帝國內的地位到一八一〇年為止都沒有衰敗。如前頁表1，關於英國的貿易總額，英屬西印度群島的占有率在一七八〇年前後達到巔峰，之後開始稍微減少，直至世紀轉換期才重新洗牌。也就是說，德里歇謝爾認為，英屬西印度群島並非是在經濟衰退後才廢止奴隸貿易，而是因為該時期廢止奴隸貿易，導致英屬西印度群島經濟衰退，他主張該因果關係完全相反。

然而，到了一八二〇年代，英屬西印度群島經濟開始慢慢衰退，取而代之的是大英帝國內的印度地位一舉大幅提升、經濟狀況大幅躍進。針對這一點，威廉姆斯的主張（在時間設定方面，另當別論）被認為是正確的。

三角貿易帶來的重大影響

威廉姆斯還注意到三角貿易對英國經濟帶來了兩個影響。一個是替在英國國內生產的商品提供市場，另一個則是提升三角貿易相關產業的發展。

英國的輸出品項，以十八世紀中葉為分水嶺產生相當大的變化。在那之前，比較重要的是穀物、魚類及煤炭等初級產品與毛織品。十八世紀後期除了煤炭以外，初級產品逐漸消失，工業產品方面隨著毛織品產量順利持續成長，新產品也急遽抬頭。其中，鐵、金屬產品、麻織品以及棉織品，都是工業革命中的主要產品。棉織品是從印度輸入的新工業產品，與鐵、金屬產品一樣，都是在非洲各個貿易據點用來交換奴隸的必要商品。

當初，棉線以及棉織品是先從印度輸入東印度公司後，再輸出至非洲及殖民地，英國國內一些可以用來換購毛織品及絹織品的商品也相當受歡迎。印度所生產的棉織品稱作平紋白布（calico）或是薄紗（muslin）。

然而，一七〇〇年實施禁止輸入印度白布相關法案，以及一七二〇年實施平紋白布使用禁止法等限制措施以後，英國國內生產平紋白布類似品的產業蓬勃發展。織布工程以及紡織工程的技術革新也在這類「輸入替代工業化」過程中發展。然而，這是一段冗長且充滿苦難的過程。到了一七八〇年代才終於生產出能夠與印度製品並駕齊驅的棉織品。當時的生產中心即是前述蘭開夏郡的曼徹斯特。

進入十九世紀後，獨攬原料生產的美國南部奴隸制種植園中所生產的棉花輸入利物浦，在曼徹斯特被加工生產為棉製品後再輸出至世界各地。依序取得歐洲大陸、美國、拉丁美洲、印度、中國等海外市場。十七世紀後期到十八世紀從印度輸入的棉產品，在一八二〇年後從英國逆流回到印度。以這一連串的流向看來，可以說奴隸貿易或是三角貿易所造成的影響對英國來說簡直是一場革命。

另一方面是相關產業的發展。在殖民地物產當中，最為重要的就是砂糖。英國殖民地被限制只能進行粗糖的砂糖生產，粗糖再被帶回英國進行精製後成為精製糖，藉此確立分工制度。因此，倫敦及布里斯托等地開始發展製糖業。此外，建造奴隸船的造船業以及用來分散奴隸貿易風險的保險業等亦開始蓬勃發展。

再者，最重要的就是金融業。承前所述，十八世紀中葉以後，英國最大的奴隸貿易港雖然是利物浦，但是當時在三角貿易方面已經有所改變。這時出現了進行奴隸貿易的專用船舶，奴隸船從利物浦前往非洲各地，取得奴隸後再將其運往新世界各地販售。以往會在此處大量購入殖民地物產後再回到母國，但是這段時期的奴隸貿易卻只在第一、二邊就結束，只在船舶上裝載壓艙物（用來穩定船舶的砂石）後便直接歸國。販售奴隸時，也是取得票據後就打道回國。

英國當地，特別是倫敦，還出現專門接收票據的業者——委任代理人（Commission Agent）。另一方面，會用比奴隸船更龐大的船舶載運砂糖等殖民地物產回到母國，轉變成所謂的「穿梭貿易（Shuttle Trade）」。票據接收業者除了砂糖貿易，還負責部分的奴隸貿易業務。這個部分我們到第二章會再深入論述。

二　奴隸貿易的歷史淵源

對伊斯蘭世界的感受

歐洲世界（基督教世界）與伊斯蘭世界的關係通常被認為是敵對的。七世紀前期，伊斯蘭勢力出現並且急遽擴張，使得伊斯蘭世界的影響領域變得相當廣大，遠至東方的印度以及西方的（北）非洲。後來，伊斯蘭勢力在八世紀初抵達伊比利亞半島，但是想要再跨越庇里牛斯山時即遭到阻擋。而後，基督教為了在伊比利亞半島收復失地，遂發動收復失地運動（西班牙語：Reconquista）。該運動持續至一四九二年南部的格拉納達酋長國被基督徒占領為止。

另一方面，東方從十一世紀末至十三世紀為止共展開了七次十字軍運動，最後，基督教勢力被趕出巴勒斯坦地區。東西方的基督教勢力與伊斯蘭教勢力互相對抗的歷史給世人一種雙方處於敵對關係的印象。

然而，雖然在歷史上看起來是這樣，但兩者其實並非敵對關係。在此要特別注意的是「十二世紀的文藝復興論」。這是研究中世紀的歷史學者查爾斯・霍默・哈斯金斯（Charles H. Haskins）所提出的疑問，後來由日本的伊東俊太郎等人進一步詳細剖析。

一般所謂的文藝復興是十四~十六世紀，讓世人重新看見以義大利為中心的古典歐洲文化及哲學等，並且成為理解近代世界、人類的基礎。然而，哈斯金斯卻主張在這之前其實就已經存在著文藝復興。十二世紀當時究竟發生過什麼事情？一言以蔽之，就是伊斯蘭世界將各式各樣的文學、哲學、技術、產物等傳到了歐洲世界。

再舉例：九世紀時有一位學者，名為花拉子米（拉丁文：Al-Khwarizmi）。他因為「演算法（algorithm）」而聞名於歐洲的拉丁語學者之間。眾所周知，現代電腦的排程等也以該名稱為起源。花拉子米著有《代數學》，還發明十進位記數法。他的學術研究系統在十二世紀時從阿拉伯語被翻譯為拉丁語，並在歐洲知識份子之間廣為流傳。

上述例子不僅發生在花拉子米身上。天文學、地理學、煉金術以及哲學等都曾經從阿拉伯語被翻譯為拉丁語。十二世紀可以說是個大翻譯時代。翻譯活動的核心地區是西西里島以及西班牙的托利多。後者還曾因開設過翻譯學校而聞名。一些歐洲國家中有能力的知識份子聚集在這些區域，努力從事翻譯活動。不僅是在學術方面，也從伊斯蘭世界中取得歐洲正值大航海時代之際所需的帆船、羅盤、世界地圖等。各種香料、砂糖、咖啡等產物都是來自於伊斯蘭世界。

此外，當時歐洲人對地理的認知是：「世界是由歐洲、亞洲、非洲所組成，其中亞洲與非洲幾乎都在伊斯蘭的支配之下，只有歐洲是在基督教的支配之下。」在基督教支配下的歐洲世界，可以說是被伊斯蘭世界所包圍著。再加上伊斯蘭世界擁有比歐洲更優異的學問、技術及產物，因此當時的歐洲人，特別是知識份子或許對伊斯蘭世界抱有相當大的自卑感。為了消除那些負面情感，他們於是開啟了大航海時代。

奴隸貿易興盛於中世紀

歐洲世界與伊斯蘭世界的對峙進一步開啟了十五世紀中葉以前的「大西洋奴隸貿易」。中世紀後期（十二～十五世紀），地中海世界依然存有奴隸制度，並且進行著奴隸貿易。法國「年鑑學派（Annales School）」第二代史學家費爾南・布勞岱爾（Fernand Braudel）在《地中海考古——史前史和古代史》（*Les Mémoires de la Méditerranée*）一書中表示：「奴隸制度是地中海社會結構的一種特色。」最具代表性的是義大利各城邦中的奴隸制度、在義大利支配下的地中海島嶼奴隸制度，以及與伊斯蘭圈鄰近的伊比利亞半島上的奴隸制度。

中世紀後期，義大利的威尼斯商人及熱拿亞商人在地中海拓展貿易據點，積極展開商業活動，其中亦包含奴隸貿易。獲得的奴隸多半來自於伊斯蘭教徒（穆斯林奴隸）。熱拿亞及威尼斯直到十三世紀中期為止，有四分之三的奴隸人口是穆斯林，大部分是在伊比利亞半島收復失地運動期間所獲得的俘虜。

然而，到了十三世紀後期，奴隸的調度區域發生劇烈的變化。因為十三世紀初期，威尼斯在十字軍運動過程中占領君士坦丁堡後，義大利商人就在黑海沿岸設立貿易據點，該處的奴隸貿易因而開始活躍。他們將克里米亞半島的卡法（Kaffa；現為費奧多西亞）以及頓河口的塔納（tana）作為據點進行奴隸貿易。根據推算，十三世紀末期，每年光是在卡法就有約一千名的奴隸交易。大部分的奴隸是高加索的切爾克斯人。在黑海周邊交易的奴隸通常會送至埃及的亞歷山大港，接受相關訓練後成為馬木路克（Mamluk）奴隸兵的一員。據說一四二〇年代從卡法送到埃及的奴隸，每年高達二千名。

部分來自黑海周邊的奴隸會被送往義大利各個城邦。十四世紀後期，曾針對在義大利佛羅倫斯販賣的三百五十七名奴隸進行背景調查，結果發現韃靼人占絕大多數（七十七%），除此之外還有希臘人、穆斯林、俄羅斯人、土耳其人，且女性占九成以上，顯示這些奴隸當時大部分是從事繁雜家庭勞務工作的內務型奴隸。

附帶一提，十四世紀中葉席捲歐洲的黑死病造成人口遽減，佛羅倫斯當局在一三六三年同意可以無限制從外部導入非基督徒的奴隸。因此，一四一四年至一四二三年在威尼斯市場交易的奴隸數量據說高達一萬人。

另一方面，伊比利亞半島透過「收復失地運動」將被征服的穆斯林們當作奴隸。最廣為人知的即是一二一二年在托洛薩會戰時將逮捕到的數千名穆斯林販售至奴隸市場。葡萄牙南部的阿爾加維地區在十三世紀中葉再度被征服後，與伊斯蘭之間的國界便消失殆盡。葡萄牙經常會入侵卡斯提爾（西班牙）、攻擊格拉納達，以獲取奴隸。此外，他們也會航行到北非帶奴隸回來。

到十五世紀中葉為止，歐洲地中海域有著大量的穆斯林奴隸以及從黑海周邊被帶走的奴隸，並且進行著奴隸貿易。相反的，在收復失地運動推動下也有基督徒被當作奴隸。如同魯賓遜所經歷過的，有部分奴隸還會被輸出至伊斯蘭世界。

大西洋奴隸貿易的「先驅者」

率先展開大西洋奴隸貿易的是葡萄牙王國。葡萄牙從十五世紀初期開始為了前往「東印度」而航向東方。目的是要找出基督教的傳教地點，另一方面也是為了跳過伊斯蘭世界及義大利商人的中介，希望直接從東方取得香料、黃金、銀等物品。

想要抵達「東印度」必須先南下非洲。因此，一四一五年從占領摩洛哥的休達開始推動「南下政策」。花費七十餘年後，一四八八年巴爾托洛梅烏・迪亞士（Bartolomeu Dias）終於抵達好望角（圖1-1）。

葡萄牙在這過程當中於大西洋沿岸設置據點，進行黃金、奴隸以及象牙等交易，並於一

圖 1-1　葡萄牙的貿易據點

四二〇年抵達馬達拉群島，展開殖民活動。

葡萄牙進行奴隸貿易的最早紀錄是在一四四一年。根據戈梅斯・埃亞內斯・德祖拉拉（Gomes Eanes de Zurara）所著的《發現與征服幾內亞編年史》（*Chronicle of the Discovery and Conquest of Guinea*），安唐・貢薩爾維斯（Antão Gonçalves）從茅利塔尼亞北方的里奧・德奧羅登陸，抓了十二名柏柏人後回到拉哥斯。但是，其中有三位在當地是有頭有臉的人物，他們表示：「如果可以讓我們回家，我們任何一人都可以交換到五、六名黑奴」，所以又把他們三人帶了回去。回到當地後有一人逃跑了，但是剩下的兩人則交換了十名黑奴。根據記載，一四四四年探險家暨奴隸販子蘭薩羅特（Lançarote de Freitas）的六艘船隊抵達南邊的阿爾金，並且獲得二百三十五名奴隸。

一四四〇年代，葡萄牙大約擁有一千名奴隸，然而奴隸的主要來源不是黑奴，而是阿基內吉族人（Azeneghis，摩爾人）。此外，取得奴隸的手段是透過武力來狩獵奴隸，但使用這種手段，也會使葡萄牙造成傷亡。因此，後來改採「和平的方式」，也就是用歐洲商品交換非洲奴隸。

卡達莫斯托（Alvise Cadamosto）的航海紀錄中，描寫了一四五五年左右塞內加爾王國的內部情況如下：塞內加爾國王會奴役那些在周邊地區打仗時獲得的奴隸，要求他們進行土地耕作等工作，其中一部分則會賣給阿拉伯商人或是基督徒。筆者認為，這裡所謂的「基督徒」是指葡萄牙商人。

葡萄牙繼續南下非洲，一四六六年在維德角群島的聖地牙哥島建立砲台，一四八二年則在黃金海岸的聖多美島建立砲台。後者也成為黃金貿易的據點。事實上，當初葡萄牙之所以想進行奴隸貿易，其中一個目的也是為了獲得黃金。他們會奴役這些奴隸開採黃金礦山。

如同字面上的意思，黃金海岸就這樣被開發成為進行黃金貿易的據點，十六世紀中葉之前，這裡亦為進行奴隸貿易很重要的一個據點。十五世紀後期獲得的奴隸人數約莫是數百人到二千人。十六世紀前半從上幾內亞，包含塞內加爾、甘比亞、獅子山等地一年內最多可獲得三千多名奴隸；從下幾內亞，包含黃金海岸、奴隸海岸（現為西非貝寧灣）等，以及剛果等地最多可獲得二千名奴隸。

因此每年約有二千名奴隸被輸入至里斯本，其中有一半會再輸出至西班牙或是義大利等地。十六世紀中葉，里斯本的人口數約為十萬人，其中約有一萬人是奴隸。整個葡萄牙約有超過三萬名奴隸存在。

不僅是位居最頂端的皇室、貴族、政府官員、傳教人士、商人等富裕階級想要取得奴隸勞動力，一些想要彰顯個人財富與權力者，也會擁有奴隸。這就是前面提過的入室奴隸。此外，一些師傅、專業人士也會購買奴隸，把他們放在師徒制最底層的位置。奴隸會被當作水手、搬運工、小販、性工作者等，在農業地區也有農務工作者、畜牧工作者等奴隸。葡萄牙王國儼然就是一個奴隸制社會。

奴隸、黃金、象牙等非洲貿易上軌道後，一四八一年王室開始對此保留獨占權。當時從葡萄牙輸出至非洲的商品有馬匹、小麥、地毯、布匹、金屬製品、串珠等。由王室建立統籌管理奴隸貿易的組織，並於一四八六年創立里斯本奴隸管理局。該局具備商務院（Casa da india e Guiné）分部組織的機能，得以統籌整個非洲貿易。里斯本奴隸管理局會向奴隸商人發行貿易許可證，藉此確保王室收入，也會接收、檢查、核定被運送至里斯本的奴隸，接著舉辦奴隸拍賣會以販賣奴隸，並徵收關稅。

三　將四百年貿易實態公諸於世——歷史學上的新挑戰

科汀的統計學研究

葡萄牙開啟了大西洋奴隸貿易，不久後，其他歐洲各國也想來湊一腳，像是荷蘭、法國、英國、丹麥等國家。十五世紀後期至十九世紀中葉，奴隸貿易持續作為各國的重要事業。談到這裡，讓我們先試著從微觀世界史來一窺這橫跨四百年的真實狀態。

位居大西洋奴隸貿易相關研究金字塔頂端的是美國歷史學家菲利普・迪爾蒙德・科汀（Philip D. Curtin）所撰寫的《大西洋奴隸貿易——一份統計調查》（*The Atlantic Slave Trade: A Census*，一九六九年）。他在這本研究著作中計算出大西洋奴隸貿易相關的推估值，如表2所示。

科汀使用的初級資料，包含美國船舶裝載的奴隸數量、在南北美洲（包含加勒比海群島）從船艙卸下的奴隸數量以及砂糖生產量、從歐洲輸入至非洲的商品數量等。此外，也用批判性的角度進行文獻探究與驗證，並且初次以科學方法推估整個大西洋奴隸貿易的規模。然而，必須特別說明的是，這些數值僅限於有登陸上岸的奴隸人數，並不包含在大西洋上——中間

表 2　科汀的推估值（1451-1870 年）

（單位：千人）

地區或國家	1451-1600 年	1601-1700 年	1701-1810 年	1811-1870 年	合計
英屬北美洲	−	−	348.0	51.0	399.0
西班牙美洲殖民地	75.0	292.5	578.6	606.0	1,552.1
英屬西印度群島	−	263.7	1,401.3	−	1,665.0
法屬西印度群島	−	155.8	1,348.4	96.0	1,600.2
荷屬西印度群島	−	40.0	460.0	−	500.0
巴西	50.0	560.0	1,891.4	1,145.4	3,646.8
舊世界	149.9	25.1	−	−	175.0
其他	−	4.0	24.0	−	28.0
合計	274.9	1,341.1	6,051.7	1,898.4	9,566.1

出處：Curtin, *The Atlantic Slave Trade*, p.268.

航線——奴隸船上死亡的奴隸人數，以及從非洲內陸運送至沿岸途中死亡的奴隸人數。因此如其後來所述，奴隸的實際數量應該更多。

首先，科汀的推估值中最值得矚目的是十五世紀後半到十六世紀，舊世界所使用的奴隸數量比新世界來得多。在此，所謂的舊世界是指歐洲及非洲沿岸的馬德拉群島、加那利群島、聖多美島等地。先前曾提及里斯本以及西班牙的塞維利亞有相當多黑奴，馬德拉群島以及加那利群島的甘蔗種植園也都有勞役黑奴的情形。

另一個特徵是輸入至英屬北美洲（或是獨立後的美國）的奴隸數量比一般所認為的推估值來得少。美國在南北戰爭（一八六一～一八六五年）之前的奴隸數量直逼四百萬人，因此一般多集中火力評論科汀的推估值過低。

然而，我們必須思考的是該區域黑人人口數量自然增加的現象，且十八世紀末起他們開始在國境內「飼育」奴隸，也就是讓黑奴彼此婚配，再將他們所生下的孩子作為新的奴隸，這種能夠不斷提高利益的事業架構建立後，便得以大量地將這樣的奴隸賣至南方（Deep South）的棉花種植園。

此外，在時間方面，十八世紀到十九世紀初期的奴隸貿易占總數六成，由此可知當時是最為興盛的時期。十八世紀，歐洲奴隸商人競爭激烈，種植園經濟開始蓬勃發展，因此迎向奴隸需求的高峰期。再者，地區方面有八成的奴隸貿易集中在加勒比海群島以及巴西地區。從十六世紀中葉到十九世紀末期，各式各樣的種植園在巴西地區不斷反覆上演著興衰故事。

話說回來，科汀這本研究著作的出發點是為了讓眾人了解大西洋奴隸貿易的全貌，因此若有新的研究成果出現，就應進行修正。然而，即使有新的修正數值被提出，奴隸輸入總數達八百萬並不算少，甚至達一千零五十萬人也不算多。

新資料庫登場

繼科汀後，又有各種修正數值被提出，在此僅提出兩位學者的觀點。一位是我們先前介紹過奈及利亞出身的伊尼科利（J. E. Inikori），他推估奴隸輸入總數為一千三百三十九萬人

（一九七六年）。另一位是洛維喬（P. E. Lovejoy），他推估奴隸輸入總數為九百七十八萬人（一九八二年）。與科汀的推估值比較起來，前者增加四十%，後者增加二%。

後續也有很多研究人員不斷努力想要求得更準確的大西洋奴隸貿易推估值。其中注入最多精力的部分就是調查與收集奴隸船的航海資料。

為了將航海資料整合成單一完整的檔案，學者專家們正式從一九九〇年代開始研究，隨著網際網路的普及、世界各地的奴隸貿易研究人員得以集合在一起。進入二十一世紀後，十年內即展現出相當大的成果。四百年間的奴隸貿易航海資料達三萬五千件以上，並且免費公開在「奴隸航海」網站（www.slavevoyages.org）中。

負責該工作的核心人物是英國歷史學家大衛・埃爾蒂斯（David Eltis）與大衛・理查森（David Richardson）。他們將該航海資料庫當作原始史料，並且建立許多假說，藉此推估大西洋奴隸貿易的全貌，結果如表3所示。據此發現，活著登上岸的奴隸輸入總數為一千零七十萬人，比科汀的推估值多十二%，雖然比推估值的上限來得稍高，但是，似乎越來越接近事實的上限值。

觀察該表格，我們發現與先前在表2中所列舉的科汀推估值特徵非常相似。然而，從地區來看，西班牙美洲殖民地的輸入奴隸數量減少二十七%、法屬西印度群島減少三十二%、荷屬西印度群島減少十一%。相反的，英屬西印度群島則增加三十五%、巴西增加三十二%。

表 3　大衛・埃爾蒂斯與大衛・理查森的推估值（1501-1867 年）

（單位：千人）

地區或國家	1501-1600 年	1601-1700 年	1701-1810 年	1811-1867 年	合計
英屬北美洲	–	15.0	367.1	4.8	386.9
西班牙美洲殖民地	50.1	198.9	215.6	675.6	1,140.2
英屬西印度群島	–	306.3	1,931.2	8.6	2,246.1
法屬西印度群島	–	29.4	1,002.6	61.9	1,093.9
荷屬西印度群島	–	124.2	316.2	4.3	444.7
巴西	29.0	782.2	2,302.1	1,697.0	4,810.3
舊世界	0.6	5.9	13.8	143.9	164.2
其他	119.5	60.7	188.6	47.2	416.0
合計	199.2	1,522.6	6,337.2	2,643.3	10,702.3

出處：Eltis/Richardson, eds., *Extending the Forntiers*, pp.48-51.

此外，從時期來看，十七世紀的奴隸數量增加十六%、一七〇一～一八一〇年增加五%，一八一一～一八七〇年增加三十九%，十九世紀增加的情形特別顯著。

接下來，我們簡單來看一下新資料庫的建構過程，並解釋其歷史意義。

一九六〇年代末期開始，除了科汀，克萊因（H. S. Klein）等人亦開始收集奴隸貿易航海相關檔案資料，至一九八〇年代末期，收集到約一萬一千筆航海資料。然而，該資料中多少包含著大西洋以外的、非奴隸貿易的航海資料。或者可能還有重複的資料。這裡值得特別一提的是，這段時期也是研究人員首次利用電腦開始收集資料的世代。

將大西洋奴隸貿易的航海資料整合至單一資料集的想法，是由埃爾蒂斯與大西洋史研究人員史蒂芬・貝倫德（Stephen Behrend）在倫敦的國家檔案館相遇後孕育而生。一九九一年美國歷史學會以及隔年「研究非裔美國人杜博依斯研究中心（W. E. B. Du Bois Institute）」（哈佛大學）會談後，該專案獲得來自多個財團挹注的資金。

更值得矚目的是，其他研究人員之間都知道該專案的存在，因此研究人員們往往會主動提供一些未公開的資料，跨越國境形成、建置了奴隸貿易研究者網絡。

專案開始後，三年內即達成三大主要成果。第一項工作是將既有檔案進行標準化。進行資料項目定義及整理，以達到整合性的效果。第二項工作是將幾項不同資料所集中出現的航海資料進行比對。第三項工作則是添加新的資訊。

集結眾多研究學者創意與努力的結果，就是一九九九年公開發表的大西洋奴隸貿易資料庫CD—ROM版本。其中收錄有兩萬七千二百三十三件航海資料，且約有一半以上是全新的資料。該資料庫是大西洋奴隸貿易研究史上第一份電子檔案，以下簡稱TSTD（Transatlantic Slave Trade Database 的縮寫）。

邁向TSTD2

然而，這項劃時代的TSTD仍有一些缺點。最大的缺點在於缺少葡萄牙船舶與巴西船船的航海資料。此外，西班牙船舶的航海資料也有不少缺漏。其他缺漏則是倫敦在一六六二年以前以及一七一一～一七七九年的奴隸貿易、荷蘭從一六三〇年占領巴西東北部伯南布哥，到一六七四年成立第二西印度公司為止的奴隸貿易、法國初期的奴隸貿易等。

因此，二〇〇一年到二〇〇五年，有一群研究人員調閱盧安達（安哥拉）、里約熱內盧、巴伊亞（巴西）、里斯本、夏灣拿、馬德里、塞維利亞、阿姆斯特丹、根特（比利時）、哥本哈根、倫敦、米德爾堡（荷蘭）的檔案資料，結果發現了八千二百三十二件新的航海資料。與此同時，研究人員也修正了包含TSTD1在內共一萬九千七百二十九件的航海資料。新資料庫就簡稱TSTD2。

為了建構TSTD1、2，歷史學家們是如何挖掘原始資料的呢？基本上是來自各國的檔案館，例如英國議會文件集（British Parliamentary Papers）以及英國國家檔案館（British National Archives）。除了英國，還有塞維利亞的西印度群島綜合檔案館（Archivo General de Indias）、巴伊亞的薩爾瓦多市歷史檔案館（Arquivo Histórico Municipal de Salvador）、安哥拉歷史檔案館（Arquivo Histórico Nacional de Angola）等處。此外，也有採用英國勞氏船級社的船舶年鑑（Lloyd's Register of Shipping）等。如同先前所述，保險業的發展與奴隸貿易也有密切的關係。

這個資料庫值得注意的是，葡萄牙及巴西的奴隸航海貿易相關知識有了驚人的進展。早

表 4　TSTD 2 之各項目資料數字

奴隸貿易航海件數	34,808
可以判別船舶名稱的航海件數	33,207
可以判別船長姓名的航海件數	30,755
可以判別 1 名以上船東姓名的航海件數	20,978
裝載在奴隸船上非洲人數	10,125,456
從奴隸船上卸下的非洲人數	8,733,592
可以判別船組員人數的航海件數	13,253
有顯示船舶噸位的航海件數	17,592
有顯示船舶出航地點的航海件數	28,505
有顯示出航日期的航海件數	25,265
有顯示非洲沿岸裝貨地點的航海件數	26,939
有顯示裝載非洲人數的航海件數	8,547
有顯示卸貨港口的航海件數	28,985
有顯示抵達卸貨港口的航海件數	23,478
有顯示卸下非洲人數的航海件數	18,473
有顯示在航行途中死亡非洲人數的航海件數	6,382
有顯示卸下非洲人年齡以及性別的航海件數	3,570
有顯示航海結果的航海件數	31,077
有顯示奴隸叛亂的航海件數	530

出處：Eltis/Richardson, eds., *Extending the Forntiers*, p.9.

在一八八八年巴西廢止奴隸制度時，與奴隸貿易相關的文件幾乎都已被燒毀，要使用原始資料進行研究幾乎是不可能的任務。但是，重疊比對葡萄牙、巴西圈的資料後，在歷史上即具有重大意義。兩國奴隸貿易的航海資料件數，在TSTD1登記在案的有六千一百八十三件，TSTD2則增加至一萬一千三百八十二件。一九九九年以後追加的奴隸船航海資料件數當中，約有六十%是關於葡萄牙以及巴西的史料。

表 5　TSTD 2 內的奴隸船——勞倫斯號紀錄

船舶識別碼	76720
國籍	英國
建造地	英國
登陸地點	倫敦
噸數	300
砲數	14
船東	南海公司
航海成果	按照計畫達成航海目標
出航地點	倫敦
奴隸裝載地點	盧安果
奴隸卸貨地點	布宜諾斯艾利斯
出航日期	1730 年 4 月 21 日
抵達盧安果的日期	1730 年 8 月 14 日
離開盧安果的日期	1730 年 11 月 16 日
抵達布宜諾斯艾利斯的日期	1731 年 1 月 20 日
離開布宜諾斯艾利斯的日期	1731 年 7 月 2 日
船舶歸還日期	1731 年 10 月 19 日
船長姓名	Abraham Dumaresq
最初船組員數	50
推估購買的奴隸人數	500
裝載的奴隸人數	453
卸下的奴隸人數	394
奴隸的男性比例	65.6%
航海期間奴隸的死亡率	13.0%

TSTD1與TSTD2的航海資料中皆包含二二六項變數或是項目。主要項目有船舶名稱、國籍、噸數、砲數、船東、船長姓名、船員數、出航地點及日期、在非洲的停泊地點及日期、裝載的奴隸人數、奴隸的男女比例、卸貨港口及日期、卸下的奴隸人數、奴隸死亡率、返航港口

及日期等。此外，這些資訊的出處也相當明確。當然，並沒有任何一份航海資料得以網羅所有項目，有些提供的資訊非常豐富，有些只記錄航海地點及日期，有些則幾乎毫無資訊。

我們從TSTD2的二二六項中選出最重要的十八項，並且將有記錄這些資訊的航海件數整理在表4。出航地點、奴隸購買地點等地理方面的紀錄是特別容易取得的資訊。此外，也有不少關於船東、船上死亡率、奴隸性別構成比例等資料。

我們以表5當作一個具體範例，來說明一下航海這件事情。首先，這艘船的船舶識別碼是七六七二〇，船舶名稱是勞倫斯號（Laurence），國籍為英國，噸數為三百噸，砲數十四支，船東是英國南海公司（South Sea Company），出航地為倫敦，在非洲購買奴隸的地點為盧安果、奴隸卸貨地點為布宜諾斯艾利斯。出航日期為一七三〇年四月二十一日，至返航約耗費一年半的時間。船長叫做亞伯拉罕・敦瑪斯克（Abraham Dumaresq），船組員五十人，裝載的奴隸人數約四百五十三人，卸下的奴隸人數為三百九十四人，奴隸的男性比例為六十五・六%，中間航線途中的奴隸死亡人數為五十九人，死亡率為十三・〇%。

南海公司是一七一一年於英國成立的股份公司，一七一三年依《烏特勒支和約》（*Peace of Vtrecht*）執行「奴隸貿易專營權（阿西恩托）」，每年會將四千八百單位的奴隸運送至西班牙美洲殖民地，是一種「半官半民的國策公司」，後續章節中還會再詳細敘述。假設一般奴隸船的噸數約為一百～兩百噸，上述這艘用於航海的船舶尺寸則算是稍大的。

表 6　非洲各地區的奴隸輸出數量

（單位：人）

貝寧灣	比亞法拉灣	非洲中西部	非洲東南部	合計
—	8,458	117,878	—	277,503
269,812	186,322	1,134,807	31,715	1,875,632
1,284,586	904,615	2,365,203	70,932	6,494,617
444,662	495,165	2,076,685	440,022	3,873,580
1,999,060	1,594,560	5,694,573	542,668	12,521,332

檢視當初規畫的行程，這艘船基本上都有按照計畫行進。在非洲停留約三個月，表示他們當初相當順利地在盧安果周邊獲得所需的奴隸。然而，在布宜諾斯艾利斯停留的天數約有半年之久。假使要買賣奴隸，這樣的天數實在有些過長。或許他們還有奴隸貿易以外的任務。

從新資料庫中發現的事

TSTD2內所包含的奴隸貿易航海資料提供了一些令人相當驚喜的資訊，但是仍不可能囊括所有大西洋奴隸貿易的航海情形。為了能夠讓這個資料庫更貼近於大西洋奴隸貿易的全貌，埃爾蒂斯與理查森等人提出幾個假說、展開推論。在此僅介紹其中部分內容。

例如這個資料庫中約有三千六百件航海資料（約占所有航海數量的十%）只能夠知道該艘奴隸船航向非洲，除此之外沒有辦法獲得其他資訊。這時，先假設所有奴隸船會從新

表 6　非洲各地區的奴隸輸出數量

（單位：人）

年	塞內甘比亞	獅子山	迎風海岸	黃金海岸
1501-1600	147,280	1,405	2,482	—
1601-1700	136,104	6,843	1,350	108,679
1701-1800	363,186	201,985	289,583	1,014,528
1801-1867	108,942	178,538	43,453	86,113
合計	755,512	388,771	336,868	1,209,320

出處：Eltis/Richardson, eds., *Extending the Forntiers*, pp.46-47.
註解：已修正部分誤植之數值

世界的任何地方裝卸奴隸。當然，除了一些可以反推回去的資訊，例如曾有在大西洋上被其他船舶追捕的紀錄。然後，假設該艘奴隸船有確實抵達目的地港口。這時，倘若不知道搭乘奴隸船的奴隸人數，即可依據被卸下船舶的奴隸人數，再利用平均死亡率去推算。相反的，倘若卸下的奴隸人數未知，也可以利用被關押在船舶內的奴隸人數進行推算。完全沒有奴隸人數相關資訊時，也可以用船舶大小、裝備、航海路線以及時期來推算。

科汀的大西洋奴隸貿易相關資料經過這樣的程序、科學推算後，經過約四十年，又出現以奴隸貿易航海資料為基礎、更接近歷史事實的推算。彙整如頁四十之表3。

還有一個想要特別提出來的部分是「從非洲各地區裝載的奴隸人數（推估值）」。表6將主要裝載奴隸的地區分成八個，並且依時間分別表現出各個裝載奴隸的數量與時期。再將這些內容繪製成圖，如下頁圖1-2。最大的奴隸裝載地區是從現在的剛果到安哥拉的非洲中西部地區，數量趨近整

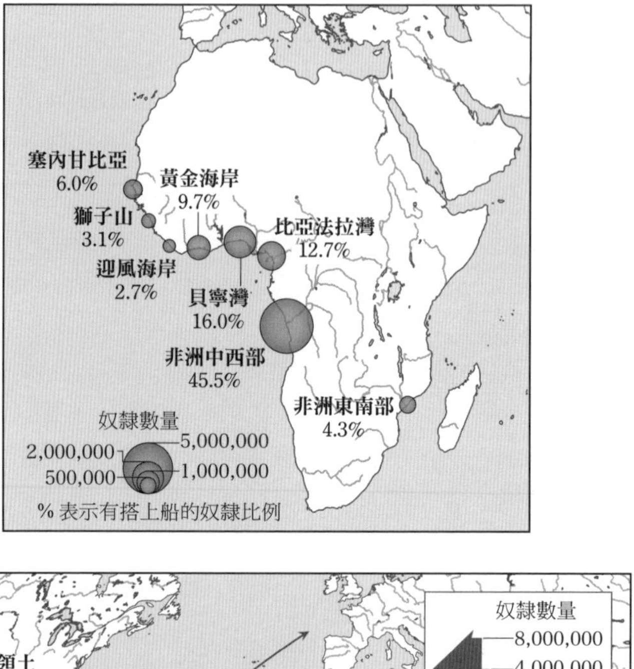

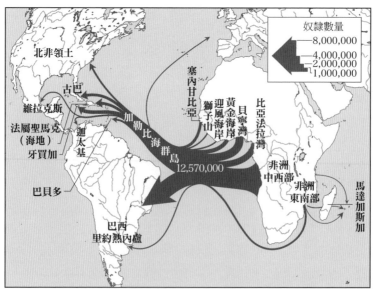

圖 1-2　大西洋奴隸貿易的出發地區以及路徑

（依據 1501-1867 年，Eltis/Richardson，《環大西洋奴隸貿易歷史地圖》地圖 1, 9 製成）

體的一半。西非的貝寧灣，也就是所謂的奴隸海岸最多，再來是比亞法拉灣（邦尼灣）地區。從各時期來看，整個十八世紀超過整體數量的一半，十九世紀次之。根據表3到表6，中間航線途中的死亡率為十四・五%。

接下來可能還會有些許修改，但是目前的推算應該已經進入完整階段。科汀的推算與新資料庫的推算差異在於：首先，前者是由科汀單獨完成的工作，後者雖然是以研究人員為中心，但其實是由認同該專案者形成的一個研究團隊進行。

此外，即使研究團隊之間的地理關係遙遠，也可以藉由網路累積成果，並且共享。結果顯示出網路世代新興的共同研究方法以及可行性，可以將資料庫放在網路上、免費公開給眾人使用。對奴隸貿易有興趣的人可以隨時隨地、輕鬆檢索到相關資料。當然，對此挹注資金的贊助商也是不可或缺的重要存在。

藉由這項新推算，一些舊有的通說也因此獲得修正。

例如，過去英國被認為是進行奴隸貿易航海最頻繁的國家。然而，其實葡萄牙船舶、巴西船舶才是真正從非洲運送最多奴隸的國家。歐洲最大奴隸貿易港利物浦則位居巴西里約熱內盧以及薩爾瓦多之後（表7）。

此外，在英國的奴隸貿易港中，從倫敦運送奴隸的數量雖然不及利物浦，但是明顯比布里斯托來得多。法國最大的奴隸貿易港南特則是繼布里斯托之後的第六位。期待今後還有更

表 7　用於進行奴隸貿易航海的 20 個主要港口，以及從其出航的船舶所載運的非洲奴隸數量（1501-1867 年）

（單位：千人）

港口	奴隸數量
里約熱內盧（巴西）	1,507
薩爾瓦多（巴西）	1,362
利物浦（英國）	1,338
倫敦（英國）	829
布里斯托（英國）	565
南特（法國）	542
雷西非（巴西）	437
里斯本（葡萄牙）	333
夏灣拿（古巴）	250
拉洛歇爾（法國）	166
特塞爾（荷蘭）	165
勒哈佛爾（法國）	142
波爾多（法國）	134
弗利辛恩（荷蘭）	123
羅德島州*（美國）	111
米德爾堡（荷蘭）	94
塞維利亞**（西班牙）	74
聖馬洛（法國）	73
橋鎮（巴貝多）	58
加的斯（西班牙）	53
合計	8,356

出處：Eltis/Richardson，《環大西洋奴隸貿易歷史地圖》地圖，39 頁。

註解：*為紐波特、普洛敦維士、布里斯托、沃倫的總稱。**包含桑盧卡爾德瓦拉梅達多使用該資料庫進行的奴隸貿易相關研究。

最後，希望各位留意的是各類與航海相關的人們，這部分會在第二章中詳述。不僅是有許多奴隸從非洲內陸地區被運載至海岸、裝載於奴隸船上而已，還有組織奴隸船、投資者，以及船長、乘船者、醫生與廚師等實際讓該艘船隻運行的人們，說得誇張一點就是，大家都把自己的人生賭在航海上。

四　奴隸貿易專營權所代表的意義

西班牙美洲殖民地的形成

一四九二年八月三日，哥倫布率領三艘船從西班牙西南部的帕羅斯港出航，經由加那利群島，於十月十二日抵達夏灣拿群島的聖薩爾瓦多島。隨後，又前往古巴以及伊斯帕尼奧拉島（現在的海地共和國與多明尼加共和國）等地區探險，直到一四九三年三月返航。

他們在加勒比海群島遇見當地的原住民（印地安人），哥倫布描述了當時的印象：「每個人的容貌都非常美好，擁有健美的身材、五官也相當端正」「印地安人都很慷慨、毫不吝嗇。」然而，他也記述了以下內容：「這些人應該很容易成為基督徒吧！」「他們應該很好支配、利用吧！」（《哥倫布航海日誌》）此外，還在伊斯帕尼奧拉島發現黃金。原住民以及黃金相關訊息立刻傳入了西班牙王室耳裡。

於是，一四九三年九月，哥倫布第二次出航。這次，十七艘船舶上乘載了成百上千名西班牙人，一起航向伊斯帕尼奧拉島，目的是對原住民傳教並且尋找更多黃金。

然而，據說船員都只熱衷於尋找黃金。他們驅使原住民帶路尋找金礦。最早在一四九四年底發生的第一次原住民叛亂足以證明這件事情，當時有十名西班牙人遭到殺害。對此，西班牙也予以反擊，殺害了相當多的原住民，並且俘虜剩餘的原住民。隔年，將其中約五百五十人當作奴隸運送至西班牙。強迫勞動↓叛亂↓鎮壓、奴隸化↓強迫勞動，開啟殘酷的惡性循環。這是西班牙對新世界殖民化的第一步。

隨著與舊世界接觸，原住民人口開始減少。伊斯帕尼奧拉島被當作殖民地據點後，其人口數比起前哥倫布時期的二十萬~三十萬人，一五〇六年減少至六萬人，一五一四年時則減少至一萬四千人。古巴也是一樣，從原本的六萬人到一五四四年時減少至一千人。其他各個群島情況皆同。然而，這不過是新世界整體原住民人口大規模銳減的前奏罷了。

人口減少的直接原因來自於歐洲的傳染病。天花、痲疹、流感、鼠疫、傷寒等各種傳染病來勢洶洶，原住民對之絲毫沒有抵抗力。然而，也不單純是因為這些病理現象。當時西班牙人支配原住民、破壞其傳統文化與社會結構，導致他們出現肉體與精神上的外傷。

西班牙人從加勒比群島啟航，目標為更廣大的陸地。一五一九年，繼哥倫布後的下一世紀，埃爾南・科爾特斯侵入阿茲特克王國，兩年後占領阿茲特克王國首都特諾奇提特蘭的王宮，揭開創設新西班牙總督轄區（Virreinato de Nueva España IPA）的序幕。

西班牙人聽聞有個「黃金故鄉」位於更南邊的位置，因此不斷反覆到中美洲與南美洲地區探勘。最後，他們摸索找到印加帝國。一五三二年十一月，法蘭西斯克・皮薩羅（Francisco

Pizarro）在卡哈馬卡俘虜了印加皇帝阿塔瓦爾帕（奇楚瓦語：Atawallpa），並要求贖金。但於隔年七月處死該皇帝，十一月攻入帝都庫斯科，開始支配印加帝國，揭開創設秘魯總督轄區的序幕。

至十六世紀中葉為止，西班牙已建立了廣大的殖民地，範圍包含現在的加州、佛羅里達州、墨西哥、中美洲、哥倫比亞、委內瑞拉、秘魯、玻利維亞、智利、阿根廷等（圖1-3）。

圖 1-3 西班牙美洲殖民地與巴西

（依據增田義郎《大航海時代》講談社，1984 年，160 頁繪製）

西班牙美洲殖民地財富的主要來源是銀礦。新西班牙總督轄區的瓜納華托以及薩卡特卡斯、秘魯總督轄區的波托西都曾有過豐富的銀礦脈。在這些地點挖掘出的銀礦被運送至歐洲，是引發所謂的「物價革命（Price Revolution）」的重要因素。這些白銀再從歐洲運送至亞洲，交換各式各樣的亞洲商品。銀礦因而造成世界經濟大洗牌，起因即在於西班牙欲支配新大陸。

奴隸貿易專營權

挖掘銀礦的海拔位置相當高，因此該處的勞動主要依靠原住民。然而，在十六世紀這段期間，大陸上的原住民人口和加勒比海群島上的人口同樣都有遽減的情形。新西班牙總督轄區在阿茲特克王國時期曾有兩千五百萬名原住民，十七世紀初遽減至一百萬人。秘魯總督轄區在印加帝國時期曾有一千萬名原住民，一五九〇年減少至一百三十萬人。

整個南北美洲包含加勒比海群島在內，在前哥倫布時期推估應該有五千五百萬名原住民，十七世紀初則減少至一千萬人。最直接的原因雖然是先前提到的傳染病，但是背景的確是因為西班牙與葡萄牙對殖民地的支配。

對於支配殖民地的西班牙而言，必須「填補」原住民人口減少的勞動力，也就是從非洲各地運來黑奴。

然而事實上，西班牙人幾乎沒有直接參與規畫奴隸貿易（除了在十九世紀，將黑奴送至古巴的甘蔗種植園）。也就是說，從十六世紀到十八世紀這麼長一段時間中，被運送至西班牙美洲殖民地的奴隸都是由西班牙以外的商人們直接專門運送的。

單看一個國家並無法掌握大西洋奴隸貿易的歷史全貌。筆者認為這個部分可以從前一章節說明過的微觀世界史動向，以及透過劃時代的TSTD資料庫作更進一步的理解。歐洲各國互相競爭合作著，跨越國境、推動奴隸貿易。

在此要特別注意的是，西班牙為了推動奴隸貿易而利用「奴隸貿易專營權（阿西恩托）」這項傳統制度。接著，我們就來深入認識何為「奴隸貿易專營權」。

「專營權」原本是西班牙王室為了進行以及管理公益事業，而與人民之間締結的承包契約。然而，十六世紀以後，為了征服新世界以及解決開發殖民地勞動力不足的問題，「奴隸貿易專營權」成為用來導入黑奴的承包契約，帶有一種獨攬的意思。

最初的奴隸貿易專營權許可證是在一五一三年由西班牙王室所發行。當時規定，簽約者必須繳納每名奴隸兩塊達克特（ducat）的稅金給王室（達克特亦稱杜卡特，原本是指威尼斯金幣）。當時是為了限制葡萄牙商人將從塞維利亞運來的奴隸輸出至加勒比海群島的數量。因此，一五一八年西班牙國王卡洛斯一世（Carlos）為了賞賜寵愛的臣子勞倫佐（Lorenzo），便授予其具有獨占性的許可證。許可證的內容是其可在五年內將四千名黑奴運送至加勒比海群島。後來他將該許可證以兩萬五千達克特賣給住在塞維利亞的熱拿亞人。

一五二八年，福格家族與德國大富豪韋爾瑟家族代理人獲得該許可證，可以在四年內運送四千名奴隸。韋爾瑟家族交給王室兩萬達克特。依該許可證規定，販售奴隸的地點除了古巴、伊斯帕尼奧拉島、牙買加等加勒比海群島，還增加包含猶加敦半島的墨西哥地區。一五三二年，奴隸貿易專營權的許可證發行權從王室轉移到統籌新世界貿易的東印度公司。

這樣一路到十六世紀末為止，王室與東印度公司所發行的許可證數量相當可觀。締結契約者有與王室簽訂特殊協定的商人、企業家、王室親信以及東印度公司相關人員、對征服與殖民活動有所貢獻者等。然而，擁有許可證者並無法供給奴隸，只有葡萄牙商人可以直接供給奴隸。附帶一提，根據TSTD2一六〇一～一七〇〇年的數據顯示，被送入西班牙美洲殖民地的黑奴數量約有二十萬人。

一五八〇年，葡萄牙王國阿維斯王朝遭到殲滅後，由西班牙國王腓力二世兼任葡萄牙國王，也就是成立所謂的「共主邦聯（Personal Union）」。如此一來，就可以消除被授予奴隸貿易專營權者與實際供給奴隸者的分歧。然而，這只是形式上的「邦聯」，西班牙與葡萄牙之間的對立，特別是貿易上的利害關係對立並無法立即緩解。

一五九五年，獲得奴隸貿易專營權的是葡萄牙商人佩羅德・枸梅斯・雷內（Pedro Gomez Reynel）。契約內容是每年可供給四千二百五十名黑奴，期效共九年，進入殖民地的港口僅限迦塔基那（現在的哥倫比亞）。整個十七世紀，該港口都用來接收所有進入西班牙領地的奴隸。雷內每年必須依契約支付十萬達克特。

雷內的奴隸貿易專營權在一六〇〇年遭到撤除，由居住在葡萄牙殖民地安哥拉首都的科奇尼奧（J. R. Coutinho）取而代之。一六一五年由葡萄牙商人埃爾瓦什（A. F. Elvas）取得。接著，一六二三年由同樣是葡萄牙商人的拉梅古（M. R. Lamego）取得奴隸貿易專營權。拉梅古的契約期限是八年，每年供給三千五百名奴隸，並支付十二萬達克特。拉梅古被後世評價為第一個成功在財政方面獲利的人。一六三一年開始的八年內，有兩名葡萄牙人共同取得奴隸貿易專營權。一六四〇年，以葡萄牙自西班牙獨立為契機，這一連串的葡萄牙人專營奴隸貿易也跟著畫下休止符。

十七世紀的前四十年間，葡萄牙人獨占奴隸貿易專營權，有名有實地將奴隸送往西班牙美洲殖民地。入港地除了上述的迦塔基那，又於一六一五年追加維拉克斯（現墨西哥）。因為墨西哥及其周邊地區對奴隸的需求提高了。此外，除了經由陸路方式將奴隸從迦塔基那運送至太平洋沿岸，也會經由海路方式運送至秘魯總督轄區的利馬。由西班牙人與克里奧爾人（出生在當地的人）共組奴隸商業集團並且負責這項業務。

繼葡萄牙商人之後

一六四〇～一六六二年是奴隸貿易專營權的空窗期。然而，在十七世紀中葉之前，荷蘭以及姍姍來遲的英國、法國進出非洲沿岸及加勒比海群島，可能是為了開設奴隸貿易據點，或是正在為其做準備。

早在一五九〇年代，荷蘭就奪下葡萄牙位於黃金海岸的據點埃爾米納堡砲台（São Jorge da Mina），並且建置迦納砲台。此外，也在一五九〇年代末期奪下同為奴隸集散地的聖多美島。一六三四年，荷蘭又在加勒比海群島地區從西班牙手上奪取位於委內瑞拉北方的庫拉索島。如後所述，在新大陸方面的行動則是於一六三〇年占領東北部的伯南布哥，並且奪取該處已經發展得相當興盛的甘蔗種植園。

英國在非洲的甘比亞建立據點，也在加勒比海群島的巴貝多、安地瓜、牙買加等地進行殖民。法國是在非洲的塞內加爾、奴隸海岸（達荷美王國）建立據點，並且在加勒比海群島的馬丁尼克、瓜地洛普、伊斯帕尼奧拉島西部的法屬聖馬克（海地）等進行殖民。由於英屬領地以及法屬的加勒比海群島都是從西班牙手上搶奪過來的，因此後續也以砂糖殖民地的狀態持續繁榮發展。

話題回到「奴隸貿易專營權」。一六六二年熱拿亞商人多明哥・卡利諾（Domingo Grillo）與拉梅利（Lamely）家三兄弟取得奴隸貿易專營權。只要擁有這個廣為人知、名為「卡利諾契約」的奴隸貿易專營權，就可以在七年內每年運送三千五百單位的奴隸，契約金額為每年三十萬披索。這個計算「單位」是以奴隸本身可作為勞動力為基準，例如健康成人男性為一單位、五～十歲孩童為二分之一單位、十～十五歲則為三分之二單位。這樣一來，奴隸人數勢必會比單位數來得多。如果是用英國南海公司的標準來看，一單位約三分之四人。另一個差異點是，所使用的貨幣單位是西班牙的披索（銀幣）。

熱拿亞商人雖然取得奴隸貿易專營權，然而過去都是由西班牙殖民的種植園者們與荷蘭商人以祕密貿易方式獲得奴隸，因此熱拿亞商人想要再來分一杯羹其實相當困難。再加上，他們的奴隸供給來源必須依賴荷蘭屬的庫拉索島。該島是荷蘭在加勒比海群島上進行祕密貿易的據點。熱拿亞商人遂與荷蘭的祕密貿易業者妥協，於一六六八年更新契約。

緊接著在一六七四年，由兩名卡斯提爾商人喀斯雅（A. Garcia）與士利歐（S・Silíceo）取得奴隸貿易專營權。這兩名奴隸貿易專營權業者有阿姆斯特丹外匯銀行為後盾，並且接受曾為荷蘭西印度公司出資者柯曼斯（B. Kooymans）的金援，卻在一六七六年不得已因為破產抵押，而失去奴隸貿易專營權。一六七九年，熱拿亞商人波森（J. B. Poso）獲得該專營權，又在一六八二年更新契約，但是沒多久後波森就身故，所以奴隸貿易專營權實質上是掌握在波森的夥伴、與荷蘭有密切金融接觸的伯史歐（N. Porcio）手裡。一六八五年，先前提及的柯曼斯得到奴隸貿易專營權。這樣一來，一直以來從祕密貿易「私下通道」將奴隸供應給西班牙領地的荷蘭商人，終於可以名正言順進行奴隸貿易專營權。

後來，葡萄牙的卡蘇（Caseu）公司於一六九六年再次取得專營權，接著一七〇一年又由法屬幾內亞公司取得。波旁王朝路易十四世的甥孫安茹公爵（Duke of Anjou）在一七〇〇年宣告菲利普五世（西班牙語：Felipe V）成為西班牙國王，法國與西班牙之間開始享有一段蜜月期。在此背景下，法國獨占西班牙美洲殖民地的奴隸貿易。該公司分別由法國王室及西班牙王室各出資四分之一。然而，一七〇一年，菲利普五世對西班牙王位所展開的繼承戰爭，成為奴隸供給的重大阻礙。結果，幾內亞公司於一七一〇年宣告破產。

英國南海公司

奴隸貿易專營權在一七一三年西班牙繼承戰爭結束後，因《烏特勒支和約》而移交到英國手上。英國為了處理該事業而在一七一一年設立南海公司。法屬幾內亞公司的奴隸貿易專營權不論在實質上或形式上都是一種契約，英國南海公司的奴隸貿易專營權是英國與西班牙之間所締結的部分條約。

契約期間是一七一三～一七四三年，共三十年，是有史以來最長的期間設定。每年可以輸出四千八百單位（約六千四百人）的奴隸至西班牙美洲殖民地，且每一單位的奴隸必須支付三十三又三分之一披索作為關稅，這項條件與先前法屬幾內亞公司的條件相同。此外，新追加的條件是每年可以派遣五百噸的商品貿易船至西班牙美洲殖民地，參與任何城市內舉辦的定期市集，並且擁有可以販售商品的權利。過去擁有奴隸貿易專營權的業者也會在西班牙領地銷售商品，但是當時只能祕密貿易，現在這樣則合法化了。

南海公司實際上是從一七一五年開始進行奴隸貿易，每年供給超過六千名奴隸，然而這樣的規模其實超出南海公司的能力。因此，南海公司與奴隸貿易大前輩——皇家非洲公司以及十七世紀末在奴隸貿易方面小有成就的獨立貿易商人締結外包契約，藉此儘可能輸出更多奴隸至西班牙殖民地。

皇家非洲公司是一六七二年設立於倫敦的奴隸貿易國策公司，已經在西非黃金海岸以外的地方設立據點，曾於英屬西印度群島及北美殖民地供應奴隸。此外，僅有皇家非洲公司並無法滿足殖民地方面的需求，為了補足這個部分，各地的獨立貿易商人也參與規畫。其中，布里斯托與利物浦商人扮演著相當重要的角色。

南海公司在牙買加與巴貝多設有代理人，此外，也在西班牙屬各殖民地設立商館，例如夏灣拿、維拉克斯、貝洛港、巴拿馬、迦塔基那、加拉加斯、布宜諾斯艾利斯。由此可知，奴隸接收港口增加得比過去擁有奴隸貿易專營權的業者還多。在各商館進行奴隸買賣，然後由當地商人買下奴隸，再運送至殖民地各地。當時會從貝洛港及巴拿馬將奴隸經由陸路方式運送至太平洋沿岸，再從該處以海路方式運送至秘魯總督轄區；也會從布宜諾斯艾利斯利用河川的方式將奴隸運送至上流區域。

根據帕爾默（C. Palmer）的調查，一七一四～一七三八年，南海公司有一百三十四艘奴隸船航向非洲各地。最多的是安哥拉，有四十四艘，黃金海岸的三十一艘次之，接著是奴隸海岸的二十五艘。一般認為，航向安哥拉的奴隸船幾乎都是裝滿奴隸後再航向布宜諾斯艾利斯。在黃金海岸及奴隸海岸裝滿奴隸的船會航向加勒比海群島，墨西哥以及中美洲。但是，一七三〇年以後，南海公司的奴隸船航行方向主要只剩下安哥拉。這是因為航向加勒比海群島、墨西哥以及中美洲的奴隸會從牙買加調度，僅有航向布宜諾斯艾利斯的才會從安哥拉被載運出來。

檢視表8所示之航向西班牙美洲殖民地奴隸船的出港地點，如前所述，牙買加占絕大多數。檢視一七一九～一七二三年牙買加奴隸輸入人數與再次輸出人數，分別為兩萬九千一百九十二人與一萬五千五百二十三人，再次輸出數量為五十三％。其餘時間的再次輸出人數約為三十～五十％，不單是因為牙買加甘蔗種植園的奴隸需求量提高，再次輸出的需求也有所增加。再次輸出的地點亦包含北美殖民地以及法屬西印度群島等，但是最大的再次輸出地則

表 8　390 艘航向西班牙美洲殖民地奴隸船的各出港地點船舶數量（1715-1738 年）

出港地	船舶數量（%）
安哥拉	32（8.2）
黃金海岸	9（2.3）
馬達加斯加	6（1.5）
威達	6（1.5）
牙買加	231（59.2）
巴貝多	33（8.5）
聖克里斯多福及尼維斯	39（10.0）
庫拉索	21（5.4）
聖佑達修斯	3（0.8）
非洲海岸（不特定地點）	10（2.6）
合計	390（100.0）

出處：Palmer, *Human Cargoes*, p.99.

是西班牙美洲殖民地。附帶一提，荷屬庫拉索島以及聖佑達修斯雖然也會運送奴隸，但是送往加拉加斯。

那麼究竟有多少奴隸送至西班牙美洲殖民地各商館呢？一七一五～一七三八年有一萬九千六百六十二名奴隸被輸出至巴拿馬與貝洛港。這些奴隸幾乎都會被送至秘魯的利馬以及南美洲太平洋沿岸各地。布宜諾斯艾利斯同樣在該時期則運送一萬六千二百二十二名奴隸。其中約有半數會在當地賣掉，剩餘的再送往阿根廷內陸地區、玻利維亞、智利、秘魯等地。一七一四～一七三六年有一萬五百四十九名奴隸被運往迦塔基那。這些奴隸會再從該地被運送至新西班牙總督轄區各地。夏灣拿於一七一五～一七三八年運送六千三百八十七名奴隸，加拉加斯於一七一五～一七三九年運送五千二百四十名奴隸。

根據契約，南海公司的奴隸貿易專營權可以輸出四千八百單位的奴隸。除了在貿易還沒上軌道的一七一四年以及戰爭期間，推算一七一五到～一七一八年平均為三千二百人，一七二二～一七二六年為四千六百五十人，一七三〇～一七三八年為三千八百九十人。雖然並未達到契約數量，但是長期整體來看，與歷代擁有奴隸貿易專營權的業者們比較起來，可以說已經達到相當程度的規模。

被導入西班牙美洲殖民地各地的奴隸們，會在各種不同勞動地點供人使喚。除了先前提及曾動員奴隸們去挖掘金銀礦，奴隸們還會被要求在各地的大型農場（西班牙語：hacienda）內幫忙生產穀物、食用肉品、葡萄酒等。奴隸當然也是砂糖、可可亞、煙草、棉花、古柯樹等種植園的主要勞動力。此外，這些奴隸也會被當作教會、修道院、學校（西班牙語：colegios）等處的勞務人員，或是殖民地官員們家中的幫傭。

歐洲各國的奴隸貿易活動

我們已經詳細解說過西班牙的奴隸貿易專營權，到了本章節的尾聲，就來彙整一下各國的動向（詳細內容亦可參照《近代世界與奴隸制度》〔近代世界と奴隸制〕一書的第二章）。

先前描述過葡萄牙從一開始就有參與大西洋奴隸貿易。一五〇〇年卡布拉爾（Pedro Álvares Cabral）開始航海以後，葡萄牙就將巴西殖民地化，該地的奴隸貿易變得相當重要。巴西從十六世紀下半期開始發展甘蔗種植園，剛開始時仰賴原住民作為奴隸，而後將主要勞動移轉給來自非洲的黑奴。砂糖的主要生產地點是東北部的巴伊亞與伯南布哥。進入十八世紀後，東南部米納斯吉拉斯的金礦開發方興未艾，因此當地也使用非常多奴隸。

十九世紀，東南部的里約熱內盧以及聖保羅發展咖啡種植，因此還是得輸入許多奴隸，詳細內容會在後續章節深入說明。如前所述，巴西是南北美洲最大的奴隸輸入地區與國家。再加上還有葡萄牙商人、巴西商人參與規畫。

繼葡萄牙商人之後的是荷蘭人。十七世紀時，由政府授予獨占權的荷蘭西印度公司（一六二一年設立）主導相關活動。該公司於一六三〇年占領巴西東北部的伯南布哥，並且建立殖民地。根據先前所述，此處與巴伊亞同樣因甘蔗種植園而蓬勃發展。葡萄牙的甘蔗種植園主當初因為害怕遭到掠奪而逃亡至內陸，後因荷蘭總督的懷柔政策，於一六三〇年代後期回歸，並繼續努力復興生產砂糖。他們的砂糖生產能力超越荷蘭的種植園主，種種因素導致擴大了對奴隸的需求。

荷蘭勢力終於在一六五四年把葡萄牙人趕出伯南布哥。然而，到了十七世紀後期，卻又在西班牙美洲殖民地及圭亞那等地發現奴隸貿易市場的蹤跡。先前敘述過荷蘭在行使奴隸貿易專營權時所扮演的角色，西印度公司也居中扮演著一定的角色。然而，從十七世紀末開始，獨立貿易商人勢力抬頭，開始想要挑戰西印度公司的獨占權。法國以及英國將活動主體從奴隸貿易獨占公司移轉至獨立貿易商人，這部分後續會再詳細敘述。

法國奴隸貿易開始的時間點比荷蘭稍遲些。一六六四年設立獨占奴隸貿易公司——法屬西印度公司後，法國商人才真正開始進行奴隸貿易。一六七三年設立塞內加爾公司、一六八五年設立幾內亞公司。設立這一連串獨立公司的目的是要打破荷蘭對於奴隸貿易的支配。一六七七年，法國從荷蘭手上奪取塞內甘比亞沿岸的格雷島，隔年又奪取阿爾金島，為了進行奴隸貿易而建立堅固的據點，之後也在奴隸海岸的威達設立據點。

法國與荷蘭的獨立貿易商人活動同樣從十七世紀末期開始活躍，他們不僅抵達西非，也將勢力擴張到南邊的盧安果以及安哥拉。研究從十八世紀後成為法國最大奴隸貿易港——南特出港，於一七一一年~一七七七年的四百七十二艘奴隸船目的地，發現航向包含塞內甘比亞在內的上幾內亞的船舶有一百九十一艘（四十・五%）、航向黃金海岸及奴隸海岸的船則有一百六十六艘（三十五・二%）、航向剛果以及安哥拉的船則有一百一十五艘（二十四・四%）。這些大部分是由獨立貿易商人所經手。南特以外的奴隸貿易港還有拉洛歇爾、勒哈佛爾、波爾多等地。

經由奴隸船運送而來的奴隸，主要會被送往法屬西印度群島的瓜地洛普、馬丁尼克、法屬聖馬克（海地）。這些地區主要的生產物品都是砂糖。在一七八八年法屬西印度群島整體人口數方面，白人為五萬五千人、有色人種為三萬二千人。相對於此，黑奴卻有五十九萬四千人。在上述三個殖民地當中，法屬聖馬克擁有最多奴隸人口。

英國與法國幾乎在相同時期正式參與奴隸貿易，英國最早的獨占公司是於一六六〇年設立的「皇家探險者非洲貿易公司（Company of Royal Adventurer Trading to Africa）」。然而，該公司受到第二次英荷戰爭（一六七二年）波及，不到十年即被迫解散。繼承該公司資產的是一六七二年所設立的皇家非洲公司。

雖然冠有「皇家」頭銜，企業型態卻是「聯合股份公司（Joint-stock company）」，以約克公爵（Duke of York；後為詹姆斯二世）為首的貴族、地主、官員、商人等皆可成為出資者。非洲沿岸的交易範圍從塞內甘比亞到安哥拉，長達約二千英里，獅子山、迎風海岸、黃金海岸、奴隸海岸皆曾為奴隸交易中心。其中，在黃金海岸建立的海岸角砲台可以說是用來抵抗西方荷蘭迦納砲台最強的要塞與守備隊。

該公司在非洲獲得的奴隸大多被運往英屬西印度群島。其中的巴貝多島最早作為砂糖殖民地而發展起來，該島在一六七〇年代、一六八〇年代的奴隸數量是該公司總輸出奴隸數的四成。比該島稍晚發展作為砂糖殖民地的牙買加也有約三分之一的奴隸輸入量。除此之外，背風群島（Leeward Islands）附近的尼維斯以及安地瓜等地也輸出很多奴隸。先前提及作為南海公司外包單位的西班牙美洲殖民地也曾在十八世紀輸出奴隸。

然而，荷蘭及法國獨立貿易商人的奴隸船同樣在十七世紀末期開始活躍。特別是一七三〇年代以後，他們的活躍度大幅超越英國的皇家非洲公司及南海公司。這兩家專營公司都在倫敦設有據點，十八世紀前半期是以布里斯托作為奴隸貿易港，後半期則由利物浦占上風。端看十八世紀出航的奴隸船數量，一七〇〇年代倫敦占五十九%；一七三〇年代布里斯托占四十五%；一七五〇年代利物浦占六十%。

最後，稍微談論一下北美殖民地美利堅合眾國的奴隸貿易情形。北美殖民地商人真正是從一七三〇年代才開始參與奴隸貿易。他們不僅將奴隸供應給維吉尼亞州的菸草種植園以及南卡羅萊納州的稻米、蓼藍種植園，也將奴隸送入英屬西印度群島以及法屬西印度群島、西班牙美洲殖民地。概略而言，供給至北美南部種植園的奴隸幾乎都是由英國商人經手，殖民地的奴隸商人大多是將奴隸供給至加勒比海群島。此外，從時期來看，美國發表《獨立宣言》後，也就是在十八世紀最後的四分之一時期，美國商人進行奴隸貿易的狀況到達顛峰期。

奴隸船的主要出航港口是麻薩諸塞州的波士頓、塞勒姆，羅德島的紐波特、普羅維登斯、布里斯托。估計羅德島商人於一七〇八～一八〇七年總共派遣九百三十四艘奴隸船，運送超過十萬名奴隸到北美殖民地。他們從西印度群島輸入糖蜜（甘蔗糖渣）作為製作蘭姆酒的原料，再將蘭姆酒於非洲市場交換成奴隸。這就是美國奴隸船又稱作「蘭姆船」的由來。

大西洋奴隸貿易因而從十五世紀中葉開始，一路進行到十九世紀中葉，橫跨四個世紀。葡萄牙、荷蘭、法國、英國、美國等奴隸商人的貿易活動相當活絡。除此之外，丹麥、瑞典、布蘭登堡等地亦有少數奴隸船來回行駛。

如同先前介紹，目前已有超過三萬五千件奴隸船航海資料上傳至ＴＳＴＤ２。然而，每艘奴隸船上都有著不同的故事。第二章我們將聚焦於奴隸船本身，並且具體描繪出那些真正驅動著奴隸船的人們。

第二章
驅動奴隸船的相關人物

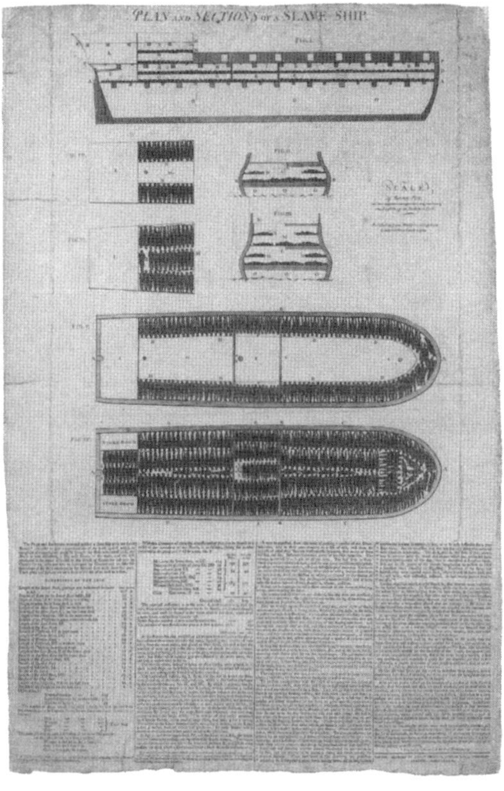

奴隸船布魯克斯號結構圖（1789 年）。此為「倫敦廢奴委員會」製作的改良版（現收藏於國家海洋博物館）
National Maritime Museum, Greenwich, London, Michael Graham Stewart Slavery Collection. Acquired with the assistance of Heritage Lottery Fund（版權出處：大英圖書館）

一　「移動式監獄」——奴隸船的結構與實態

奴隸船——布魯克斯號

首先，我們要從一張圖開始談起，也就是奴隸船——布魯克斯號（Brooks）的結構圖。一七八七年後，英國民眾的廢奴意識大幅提高，這樣的氛圍對於「奴隸貿易・奴隸制度廢止運動——廢奴運動」相當重要，接下來還會在第三章、第四章中詳細探討。

廢奴運動領袖之一的托馬斯・克拉克森（Thomas Clarkson）曾針對該圖表示：「為了讓眾人理解那些在中間航線途中受苦的非洲人們，並且感同身受，我們期望能夠將他們在該處體驗到的悲慘情況立即訴諸世人，於是製作了這張圖片。」因為視覺印象可以成為一則強烈的訊息，在人們之間流傳。

布魯克斯號是一艘真實存在的奴隸船。一七八一年在利物浦製造，至少執行四次航海。船舶噸位為二百九十七噸，比一般奴隸船更大。船名與擁有者之一的約瑟夫・布魯克斯（Joseph Brooks Jr.）同名。一七八一年十月四日從利物浦首次出航，隔年一七八二年一月十五日抵達黃金海岸的海岸角砲台。同年七月十四日，搭載了六百五十名奴隸後啟航，並於九月十二日抵達牙買加的京士頓。中間航線途中有四名奴隸死亡。同年十二月二十二日於京士頓出航，一七八三年二月二十二日返航。船長是克萊門特·諾布爾（Clement Noble），船組員有五十八人，其中有八人在航海過程中死亡。

第二次是在一七八三年六月三日出航，路徑幾乎相同，隔年八月二十八日返航。搭載六百一十九名奴隸，中間航線途中死亡三十三名，死亡率為五%。船長不變，船組員四十六人，其中有三人在航海中死亡。第三次是一七八五年二月二日出航，航行路徑相同，隔年四月十日返航歸國，搭載的奴隸數為七百四十人，中間航線途中死亡的奴隸數達一百零五人，死亡率十四%。船長仍不變，船組員四十七人，並未記載其中死亡多少人。

第四次航行是在一七八六年十月十七日出航，路徑幾乎相同，於一七八八年二月八日返航。裝載的奴隸數為六百零九人，死亡人數十九人，死亡率三%。這個航海紀錄中還有記載男女比例：男性五十八%，女性二十一%，少男十五%，少女七%。整體男女比為男性七十三%，女性二十七%。船長由托馬斯·馬力諾（Thomas Molino）取而代之，船組員四十五人，其中六人在航行途中死亡。

為何第三次航海時的奴隸死亡率比較高呢？因為當初計畫是在黃金海岸獲取六百名奴隸，然而實際上卻超載一百四十名奴隸。雖然沒有記載船組員的死亡人數，但是可以想像，應該也是比正常來得多。想必這樣的航海結果也使得船長遭到替換。

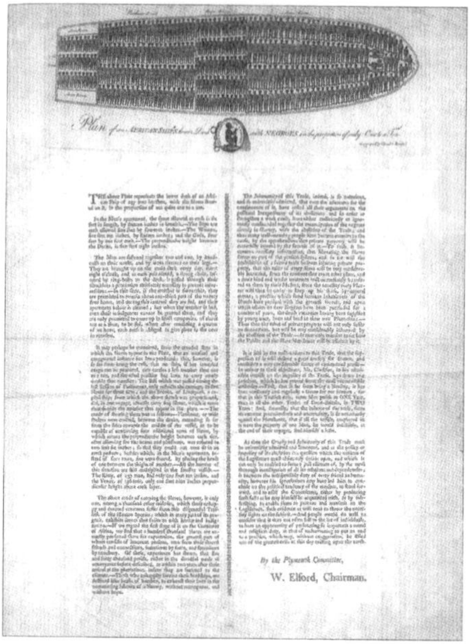

圖 2-1　奴隸船布魯克斯號構造圖（1788 年）

由普利茅斯分部製作初版，此為布里斯托分部的複製版本〔摘自馬庫斯·雷迪克《奴隸船的歷史》（Marcus Rediker, *The Slave Ship: A Human History*），第286頁〕

根據TSTD2，這四次航海後相隔一段時間，一七九一年七月後又以相同船名進行六次奴隸貿易。然而，這次的船舶尺寸高達三百一十九噸，船舶擁有者亦有所變更。推測應該是舊船賣掉後，新買主又重新翻修作為奴隸船使用。根據一七八八年制定的《奴隸貿易法》（*Dolben Act*），規定載運量兩百噸以上的船舶，每一噸僅能搭載一人以下，因此六次航海所載運的奴隸數量稍微有所減少。

奴隸船布魯克斯號的圖片最初是在一七八八年十一月由奴隸貿易廢止協會的普利茅斯（Plymouth）分部製作（圖2-1），也就是在布魯克斯號第四次航海結束後製作完成。該船作為奴隸船，稍嫌偏大，因而廣為人知。

該圖片傳送至剛宣布獨立不久的美國費城以及紐約，圖片幾乎相同，但是說明內容卻遭到一些修改，加上了「應當促使廢止奴隸制度」等字樣。最後，該圖像受到廢奴運動中心組織——倫敦廢奴委員會（London Abolition Committee，參照第三章）進一步改良（本章節首頁）。普利茅斯分部的版本僅有一張下甲板的平面圖，改良版則再加上比下甲板高出約七十六公分的上方平行甲板內奴隸排列平面圖、兩張排列在船尾附近半甲板的奴隸分布圖、兩張縱向結構立面圖，以及整艘船的剖面立面圖，總共七張。

這些圖片真實描繪出奴隸們如貨物般被緊密塞在奴隸船內的模樣。然而，這些只是依據上述《奴隸貿易法》所規定的裝載人數，實際運送的奴隸人數恐怕還要更多。

奴隸船的構造

赫爾伯特・S・克萊因（H. S. Klein）計算出航向牙買加的英國奴隸船噸位平均值。一六八〇年代的皇家非洲公司奴隸船噸位平均為一百四十七噸，一六九一～一七一三年的船舶較大，有一百八十六噸。一七八二～一七八七年獨立貿易商人的奴隸船平均為一百六十七噸。在該時期，一百噸以下的奴隸船占八%。此外，完全沒有四百噸以上的奴隸船。

赫爾伯特・S・克萊因的資料顯示，十八世紀中期奴隸船的噸位都在一百～兩百噸之間。由於要儘可能在最短時間內於非洲沿岸取得並裝載最多的奴隸，同時為了降低船上奴隸的死亡率，必須縮短在中間航線的航行天數。這種級別的船舶長度為二十四～二十七公尺，寬六～

七・五公尺。為了預防船身腐蝕，或是船蛆（shipworm）的攻擊，還會在船底貼上銅板。

船員數量比一般貿易船舶多兩倍，因為他們是用來監視奴隸的重要成員，也是用來防禦其他國家奴隸船或是海軍侵犯的武裝成員。根據已知的資訊，中間航線途中船員的死亡率有時會比奴隸來得高。

馬庫斯・雷迪克曾將奴隸船形容為「移動式監獄」或是「漂浮監獄」，這種比喻實在是相當貼切。囚禁在奴隸船內的黑人們，每天有十六個小時以上無法動彈，只能在甲板上睡覺，然而，在大西洋上的航海往往需要兩個月以上。奴隸們一天有兩餐及飲用水，為了讓他們有活下去的希望，也會讓他們每天在甲板上配合音樂、跳一下舞。航行中會多次用海水、醋以及香菸煙灰等進行清潔，以預防痢疾、天花等傳染病傳播。這樣做也是為了符合「經濟效率」，期望儘可能降低這些作為「商品」的奴隸死亡情形。

那麼，一般來說奴隸船的結構是怎樣呢？先前的圖片或許可以讓我們有些想像空間，男性奴隸以兩人為一組，手腳用鎖鏈綁在一起後，被橫放在主甲板下方的下甲板處。主甲板與下甲板中間還有一個平甲板，該處也有男性奴隸們以相同姿勢被橫放著。從船舶牆面到平甲板內側懸掛了一張約一百八十公分的棚子。受限於梁高，男性們無法完全筆直站立。

為了讓外部空氣得以進入，主甲板與下甲板中間用的出入口處裝有一個木製格子窗。基於相同理由，船舶側面也設有幾扇通風窗。即便如此，想要讓外部空氣完全流通進來仍相當困難，空氣中滿是汙濁與熏臭味。

從下甲板中央位置的主桅到後方的後桅是女性奴隸的居住區。男性居住區與女性居住區留有約三～五公尺的空間，是船員往來船艙的通道。布魯克斯號在該空間後方規畫設有少年居住區、女性居住區、少女居住區（船尾）。女性奴隸與少年、少女奴隸並沒有經常被鎖上鎖鏈，身體上的束縛可能會比成年男性奴隸來得自由。然而，這個部分卻存在著誘發船組員欲望的風險。此外，船艙內堆積囤放著各式各樣的貿易商品（棉織品、金屬製品、串珠、蘭姆酒、槍、火藥等），以及航海備品（木材、繩索、蠟燭等）、食物、水等。

船長室位於後甲板，船長會在該處進行一些事務性作業或是下達指令。船長室下方也是奴隸的居住空間，因此往往臭氣熏天。船長室的隔壁還有另一間客艙，該處居住著船醫及一等航海人員。水手們沒有特別的居住位置，他們只能自己尋找適當的地方懸掛吊床睡覺。

此外，船上還放有長板船（long board）以及高低桅小帆船（Yawl）。前者全長約九公尺，可以藉由船帆或是划槳方式航行。後者是稍小型的船隻，一般可乘坐四～六名水手，以划槳方式前進。這兩種小船在非洲沿岸交易上扮演著不可或缺的角色。奴隸船會在海上定錨，再藉由這種小船與海岸往來。去程堆積商品，回程載回奴隸。也會使用當地的獨木舟。這就是所謂的「船上交易」。

奴隸船在結構上最具特色的就是阻隔板（barricade，下頁圖2-2）。裝於主甲板後方，

圖 2-2　阻隔板

（上左）船組員從阻隔板後方對叛亂的奴隸開槍。摘自瑞典廢奴運動人士——華特史當著作（Carl Bernhard Wadström, An Essay on Colonization, Particularly Applied to the Western Coast of Africa···, 1794）

（上右・下）於法屬聖馬克（海地）海地角販售奴隸的瑪莉・賽拉菲號（1773 年，現收藏於南特歷史博物館），畫中可以看到阻隔板的存在。想從該艘船上購買奴隸的白人相當多，畫家想藉此對照出奴隸們的狀態。

是一個高達三公尺的堅固阻隔板。藉此區隔男性奴隸與女性奴隸，或是用作防禦。當奴隸發生叛亂，船員們可以躲到阻隔板背後，也就是到女性奴隸那一側避難。此外，當奴隸們在主甲板上跳舞，該處也是武裝衛哨用於戒備、監控的地方。

因武器庫接近船長室，所以有嚴格的警備。船舶上的廚房備有非常大的鍋爐，廚師每天必須準備兩次供給奴隸及船組員等數百人份的餐點。此外，船舶周邊懸掛著用繩索編織而成的網子，預防奴隸跳海。奴隸船上還堆放著非常多用來拘束奴隸用的器具，例如手銬（下頁圖2-3上）、腳鐐（同下）、頸圈、鎖頭、烙印鐵，或是拷問用的螺絲鎖（同中左。將雙手拇指鎖上）等。鞭子經常用來威嚇、處罰奴隸。其中有一種稱作「貓鞭」的工具，前端有數條分支，會帶給奴隸加倍的痛苦。

奴隸船簡直就是一座「移動式監獄」。史蒂芬・史匹伯導演曾以第三章中提及的愛米斯塔特號事件（一八三九年）為題材，將其拍攝成電影《勇者無懼》（*Amistad*，一九九七年），將奴隸船上的殘酷狀況搬上大螢幕。接下來，我們將試著更深入探究奴隸們的處境。

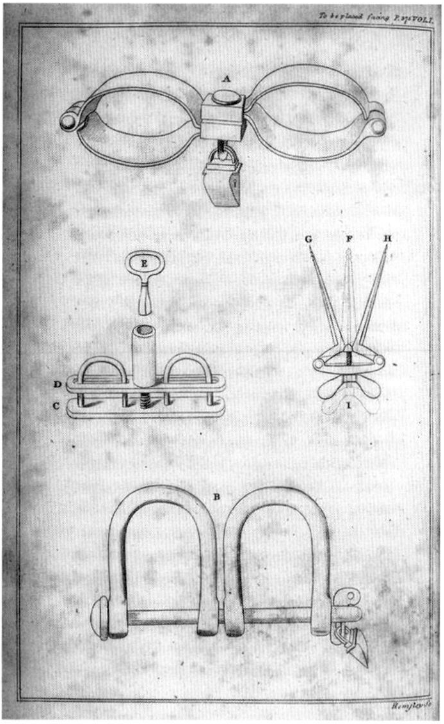

圖 2-3　拘束奴隸用的器具

〔摘自克拉克森（Clarkson）著作：The History of the Rise, Progress, and Accomplishment of the Abolition of the African Slave Trade, by the British Parliament, 1808〕

二　成為奴隸的非洲人——人肉販賣、中間航線、叛亂

達荷美王國與奴隸交易

面向大西洋的非洲沿岸地區，遍布著奴隸貿易的交易據點。從西非以及非洲中西部，也就是從塞內甘比亞到獅子山的迎風海岸、黃金海岸、奴隸海岸、比亞法拉灣（邦尼灣）、剛果、安哥拉，一路綿延六千公里以上的海岸線。此外，亦有貿易據點散布在莫三比克、馬達加斯加等非洲東南部地區、葡萄牙（巴西）、荷蘭、法國、英國、西班牙、丹麥等。

當時非洲社會是由多種民族、語系所形成，大小不一、形形色色，其中最龐大的一支群體即是以「王國」形式存在，擁有階級制度和強大的軍隊組織，不僅支配著廣大領域，也藉由貿易提高利益。

非洲社會自古即存在奴隸制度，為社會功能性結構之一，例如阿散蒂王國在十七世紀末就開始在黃金海岸供給奴隸給歐洲商人，我們可從中得知當時即存在以下這些奴隸：

「債務奴隸」，如同字面上的意思，是為了返還借款而出售自己或是家人成為奴隸的人們；「戰爭俘虜」，指因為侵入鄰近區域、受到戰事牽連而遭到俘虜、被帶走作為奴隸的人

們。戰爭俘虜的另一種變形是為了避免戰爭而從鄰近區域事先貢獻一定數量的奴隸作為「供獻用奴隸」。除此之外，還有被當作活人獻祭品或是遭到誘拐而被帶走的奴隸、違反社會規範的犯罪者、因飢荒等而主動賣身成為奴隸。其中賣給歐洲商人的主要是戰爭俘虜、供獻用奴隸、遭誘拐者、重刑犯。

達荷美王國與阿散蒂王國同樣在十八世紀將奴隸貿易當作國內社會功能性結構。其原本是一個比貝寧灣更內陸地區的王國，在阿加札國王（Agaja）時期（在位期間一七〇八～一七三二年）支配著貝寧灣海岸的奴隸貿易據點威達。阿加札國王獨占奴隸貿易，將其作為王室重要收入來源。貝寧灣海岸會有來自法國最大奴隸貿易港南特以及北方洛里昂、倫敦等處前來的奴隸船停靠。

達荷美王國每年會在收成甜高粱（高粱的一種）以及稻米等農作物後，由國王率領超過數萬軍隊出征鄰近區域。遭到俘虜帶回的部分奴隸供王室所用，部分賜予隊長或是士兵作為驍勇善戰的報酬，剩下則賣給歐洲商人。

所謂「歐洲商人」，實際上就是在非洲沿岸進行奴隸交易的奴隸船船長。國王代理人與船長進行奴隸交易的交涉過程範例如下：

船長會事先告知代理人，表示想要購買幾名奴隸、會為每一名奴隸備妥怎樣的商品群（Commodity Group），並且讓代理人過目該商品的實際樣本。所謂商品群是指為了取得一名奴隸所準備的商品，舉例來說，獲得一名女性奴隸所需準備的商品有白蘭地三瓶、一百二十三磅的貝殼、手帕兩條、圍裙（錦織品）八件。附帶一提，貝殼在達荷美王國可用於裝飾，同時也作為貨幣使用（古中國等世界各地都有將貝殼當作貨幣的紀錄）。交涉成立後，歐洲商人必須支付關稅（供品），在等待收集達到契約所需的奴隸數量為止，這數個月之間會由達荷美王國安排歐洲商人在海岸生活所需的住處、廚房、倉庫等。

達荷美王國與歐洲商人的交涉看似和平，但是一名曾擔任奴隸船船長的利物浦人約翰・牛頓（John Newton，後詳述）在航海日誌中記錄了以下內容：「我衷心認為，如果歐洲人停止慫恿人們用物品去交換奴隸，應該可以藉此終止大部分在非洲所發動的戰爭！歐洲人雖然沒有派遣軍隊進入，但是他們的路上卻布滿鮮血。我認為用於販賣而被留下的俘虜比被殺害的人來得少。」

倘若這樣的內容可信，根據第一章大衛・埃爾蒂斯與大衛・理查森的推算值，因非洲內部戰爭而殞落的生命遠超過於存活、登上新世界陸地的一千零七十萬名奴隸。

艾奎亞諾的生涯與奴隸船體驗

了解了奴隸船的實際狀態後，前黑奴奧拉達・艾奎亞諾（Olaudah Equiano，圖2-4）與

圖 2-4　奧拉達・艾奎亞諾畫像

（摘自《奧拉達・艾奎亞諾生平奇事》，1789 年）

布魯克斯號的圖片同樣讓那段史實的存在無所遁形。

一七四五年，艾奎亞諾出生於現在的奈及利亞伊博族村莊伊莎卡（Essaka），他在其自傳《奧拉達・艾奎亞諾生平奇事》（*The Interesting Narrative of the Life of Olaudah Equiano*）中寫到自己十一歲的某一天，村民全部出門工作時，他與妹妹遭到誘拐被當作奴隸販賣。事實上，關於他的出生地也有一說是南卡羅萊納州，曾掀起一番討論。然而，就算他真的出生於北美洲，他聽聞其他非洲人們在奴隸船的恐怖經驗後，的確也能內化成自己的知識後再真切描述出該情況，因此不減該書內容的價值。

無論如何，在此就以他出生於奈及利亞為前提，繼續探討。

艾奎亞諾與妹妹先在非洲境內被當作非洲奴隸，與妹妹分離後來到沿岸搭上奴隸船。關於在中間航線上的實際體驗，後續還會詳述。橫渡大西洋後，他先抵達了巴貝多。巴貝多的種植園主並沒有買下他，他是被北美維吉尼亞州的種植園主所買下。後來，他又被英國海軍上尉帕斯卡（M. H. Pascal）買走，取名為古斯塔夫・瓦薩（Gustavus Vassa）。一七五七年，他抵達英國，奉帕斯卡之命參與七年戰爭（一七五六～一七六三年）。

之後他在倫敦受洗，一七六三年又被貴格會教徒兼商人克恩（R. King）買走。在克恩旗下於英屬西印度群島及北美殖民地進行貿易活動，因銷售個人商品而累積了一定的財富。藉此，他於一七六六年向克恩為自己贖身，成為自由之身。

之後，艾奎亞諾仍持續在各地進行貿易活動，並自一七八〇年代開始關心奴隸解放運動，將該過程於一七八九年集結成冊，至其辭世為止共再版九次。一七九二年，他與英格蘭白人女性凱倫（S. Karen）結婚，與太太育有兩名女兒，一七九七年於倫敦辭世。

回到他在奴隸船上的經歷。在遭到誘拐的六、七個月後，他終於抵達海岸，一直生長在內陸的艾奎亞諾第一次見到大海。奴隸船在海上定錨，等待「裝載貨物」。他被迫上船，並且被船員們檢查身體健康與否。他環顧四周，看到「巨大的鍋爐正在沸騰著，各種族的大量黑人被鎖在一起，所有人臉上都流露著失意與悲傷的表情」。他就這樣在甲板上動也不動，逐漸失去意識。

過了一陣子他回了神，迎面走來幾位黑人，艾奎亞諾向他們詢問自己是否會被「男性白人們」吃掉，他們說沒那回事。那些黑人們從事著將奴隸運送上船的工作。

艾奎亞諾被押入下甲板，難忍的惡臭味與奴隸們的哭喊聲讓人悲嘆不已，也沒想到自己會有東西可吃。當「男性白人們」拿食物過來，他表示拒絕。於是他們就把艾奎亞諾的腳綑綁起來，並且猛烈鞭打他。他想要求救，但是奴隸船周圍都布滿防止逃跑用的網子，無法輕易跨越。過沒多久，艾奎亞諾發現身邊還有幾個同鄉，因此稍微卸下心防，並向他們詢問接下來會發生什麼事情？結果得知他們將會被帶到「男性白人們」的國家工作。他直覺認為，如果只是去工作，大家不可能看起來那麼絕望。

艾奎亞諾年紀還小，不用上腳鐐，但是其他成年男性奴隸都被鎖在下甲板，忍受著滿溢的惡臭。那些成人奴隸被密集塞在裡面，幾乎無法動彈，且因為炎熱而大量出汗，導致惡臭，「是一種讓人無法立即適應呼吸的空氣」。那樣的狀況導致奴隸之間傳播著疾病，許多人都在瀕死邊緣。偶爾還會有小孩掉進排泄用的桶子，引起女性們一陣哭喊。奴隸船內這類恐怖事件層出不窮。

某天，被鎖鏈綁在一起的兩位同鄉因為太過疲累，一心求死，因而引發越網跳海事件。後來，另一名因為生病而卸下腳鐐的男子也做出了相同行為。船員們停下船，搭乘著小船追捕逃跑的奴隸。最初逃跑的兩名奴隸雙雙溺斃，後來有一人被捕，為了殺雞儆猴，船員毫不留情將其鞭打致死。艾奎亞諾描述自己幾乎每天都能看到瀕死的奴隸被運到甲板上，一方面又羨慕他們可以因為死亡而擁有自由。

經過漫長的航行，奴隸船在巴貝多島的橋鎮（Bridgetown）海岸邊下錨。不在乎是否已經入夜，許多商人及種植園主陸續上船。艾奎亞諾等人被分成好幾組，進行健康狀態等檢查。他們朝著陸地方向一指，表示艾奎亞諾等人即將前往該處。

奴隸們登陸後，立刻被關入牢籠，並被運送至商人住宅前方的廣場。這時艾奎亞諾看到紅瓦堆砌的高聳房屋以及乘坐馬車的人，他感到相當驚訝。接著耳畔響起鼓聲，買主們紛紛聚集到廣場。他們會把自認為最好的小組挑走。

對奴隸而言，他們是決定自己命運的「毀滅性代理人」。販賣過程中，不論是親人還是朋友都會被迫分離，此生幾乎無法再見面。艾奎亞諾認識的好幾組兄弟就被分發到不同組別後賣掉。他描述「最極致的殘忍」就是近距離聽到他們分離時的哭喊聲。

頻繁起義的奴隸叛亂

艾奎亞諾真切訴說著自己在奴隸船上有好幾次都求死不得。不只是他有這樣的想法，幾乎整個奴隸船上的人都抱持著同樣想法。因此，一旦有尋死之心、有赴死的覺悟，在奴隸船上叛變一事不過輕如鴻毛。

根據理查森的經驗，每十艘奴隸船中就會有一艘船企圖揭竿起義，每次叛亂的平均死亡人數約為二十五人。TSTD2的航海項目中有一項叫做「非洲人抵抗（African resistance）」，奴隸叛亂的證據是項目上記載著「Slave insurrection（起義）」字樣。舉例說明如下。

一七五三年八月十四日，僅有一根桅杆的單桅縱帆船托馬斯號（Thomas，三十噸）從利物浦出發航向甘比亞，並且在該處獲得八十八名奴隸。這些奴隸具有製作歐洲武器的知識，因此他們自行掙脫枷鎖、登入主甲板，並且將一等航海士投入海中。其他船組員朝他們開槍，並且將這些奴隸們押回下甲板。然而，奴隸們卻利用零碎板片等武裝後重返主甲板，與七名船組員對峙。船組員遭到追殺後，利用長板船（long board）脫困。奴隸們因此獲得解放。

然而，其他奴隸船又企圖奪回這艘船。奴隸們以槍枝應戰，結果還是受到鎮壓，在嚴厲監控下被送至加勒比海群島的蒙哲臘島（Montserrat）。被當作貨物卸下船的奴隸有六十九人。該奴隸船於一七五四年七月十六日回到利物浦。

事實上，該船在七月二十日又再次回到同一名船長托馬斯・懷斯特（Thomas Whiteside）手中，從利物浦出航，回到甘比亞。這次雖然增加十名船組員，但是該船又再次遭到奴隸叛亂。這場奴隸叛亂是如何引發的，詳細狀況不明，但最終結果還是遭到鎮壓，然後抵達蒙哲臘島。該次被卸下船的奴隸有六十五人。

根據《奴隸船的歷史》一書作者、大西洋史研究學者馬庫斯・雷迪克的描述，塞內甘比亞地區的人們非常厭惡被當成奴隸，所以在奴隸船上被視為一個危險的存在。皇家非洲公司的某位員工曾表示：「塞內甘比亞人原本就相當懶惰、討厭勞動，難以忍受自己成為奴隸。因此，為了自由，他們什麼事都做得出來。」

奴隸船上的叛亂事件頻繁得超出我們想像。然而事實上，叛亂成功的案例非常少。雷迪克表示，叛亂有三階段。首先的前提是，奴隸們必須有一定程度的共識。出身來源複雜的奴隸們之間要能夠像先前艾奎亞諾那樣有機會和同鄉互相交談，才能進行叛亂計畫。參與叛亂的同夥人數越多，成功機率越大。相反的，如果有任何人告密，危險性也會相對提高，所以通常只會由少數彼此信賴的奴隸為核心，進行規畫、執行。主謀者必須詳細確認船艙、下甲板、主甲板、船長室、武器庫等船內結構與位置。

第一階段的問題是該如何讓身體自由活動，如何卸下手銬、腳鐐、枷鎖等。如果枷鎖沒有栓得非常緊，只需要使用一些東西幫助潤滑即可使身體滑出枷鎖。此外，也可以使用釘子或是木頭碎片解鎖，或是利用鋸子、斧頭、小刀等銳利的工具破壞鐵製枷鎖。這些工具性物品可以透過相對比較自由的女性奴隸盜取而來。

第二階段必須突破用來阻隔奴隸們所處的下甲板與主甲板間的格柵，然後戰鬥。待發出吶喊後，不光是主謀者，更重要的是其他眾多奴隸也必須群起響應。然而，武器僅有木頭碎片或是油等。如果女性奴隸也一起響應，就能夠從阻隔板後方、船尾方向一起作戰，或許還能夠取得廚師們所使用的刀子或是斧頭等。

船組員會把全奴隸驅離到甲板上，並且鳴槍或是開砲以鎮壓叛亂，也會使用阻隔板最上方的旋轉砲掃射奴隸們。想要叛亂成功，就必須突破並占領阻隔板、奪取槍砲等武器。如果還能夠殺掉船組員，或是迫使他們離船，這個階段就算達標。

最後是第三階段，必須操控奪取而來的奴隸船，返回非洲。奴隸們中幾乎沒有人懂船舶操作，所以有時會放一條生路給懂得操作船舶的船組員，讓他們給予協助。

幾乎沒有奴隸叛亂能夠成功經歷這三階段。然而，一七二八年十月一日，從倫敦出航的克萊爾號（Clare）卻是少數成功的叛亂案例。TSTD2的航海編號為七七〇五八。該船於黃金海岸的海岸角砲台獲得二百七十三名奴隸，隨後即發生叛亂。奴隸們使用槍械追擊船長及船組員。船長等人搭乘長板船，千辛萬苦地逃出。奴隸船成為奴隸們的囊中物，抵達距離海岸角砲台不遠的海岸後，終獲自由。

奴隸船叛亂最常見的結局是叛亂受到鎮壓，主謀者必須背負相關責任、遭受許多殘酷的對待。他們會受到鞭打、被小刀或是刮鬍刀割耳、折斷骨頭、斷手斷腳。甚至，也有脖子被扭斷、殺害的案例。為了殺雞儆猴，可能也會將斷手斷腳的部分肢體發送給剩下的奴隸們。雷迪克描述：「奴隸船的組織是能夠完全支配人類的防禦要塞。」

三　船長與水手

《奇異恩典》與約翰・牛頓

接下來讓我們來看一下運送奴隸、駕駛奴隸船的人們。

首先，一定要提及的就是奴隸船船長。船長是受到販奴商人的請求，統籌奴隸貿易與實際驅使奴隸船的人物。船長必須在英國當地挑選、調度奴隸貿易所需的商品群，並且選拔奴隸船上所需的船組員，例如船醫、一等航海士、廚師以及水手等。隨著在非洲等不同地區獲得奴隸，交換用的商品群種類也不同。

船長就像是一名專制君主。為了穩定船內秩序，他必須慎重挑選船組員，並且對叛亂的水手綁上枷鎖、施以鞭刑。他必須帶領大家忍耐在非洲沿岸長達數個月之

圖 2-5　約翰・牛頓

（摘自馬庫斯・雷迪克《奴隸船的歷史》）

久的交易，進入中間航線後，還必須因應可能隨時引發的奴隸叛亂。由於奴隸是「商品」，因此必須想辦法避免他們自殺或是死亡。抵達販售地點後，也必須儘可能機靈地將奴隸以高價販售出去。這一連串具體活動，全都要在船長的指揮下進行。

十八世紀中葉，有一名從利物浦出發、相當知名的奴隸船船長約翰・牛頓（John Newton，一七二五～一八〇七年，頁九十一之圖2-5），他於一七七二年填寫了迄今仍傳唱於全世界的讚美詩──《奇異恩典》歌詞。當時他已經從奴隸貿易中金盆洗手，以牧師之名進行相關活動。第三章中還會再提到，牛頓牧師是一七八〇年代後期推動奴隸貿易廢止運動的重要推手。他後悔自己曾以奴隸船船長身分參與奴隸貿易相關活動，為了讓人們知道從事奴隸貿易罪孽深重而投身廢奴運動。

一七二五年，約翰・牛頓出生於倫敦泰晤士河畔一角的沃平。他與父親同名，他的父親也是一名船夫。母親希望他將來能擔任牧師一職，但是母親年輕時就因肺結核而去世。他的父親很快再婚，約翰・牛頓被送至艾塞克斯郡的學校。十歲時，他回到父親身邊，幫忙從事海運相關工作。沒多久後父親退休，將兒子的未來託付給老友約瑟夫・曼尼斯提（Joseph Manesty）。曼尼斯提是一名在大西洋貿易中相當成功的利物浦商人。牛頓在十七歲時移居利物浦，在地中海貿易的貿易船及英國海軍軍艦上擔任船組員，累積相關經驗。

牛頓以少尉候補生之名乘上哈里奇號（Harwich）軍艦時，由於和艦長關係不睦，被下放為一般水手。到了馬德拉群島港口後，他又被迫和某商船的水手交換，改搭上一艘商船。該商船即是奴隸船。歷經多次職務調動，最後他以水手身分搭乘的奴隸船是布里斯托船籍的黎凡特號（Levant）。該艘船準備從獅子山的夏灣拿航向牙買加。

然而牛頓並不想搭上該艘奴隸船，於是留在當地幫忙某位英國商人處理業務。所謂的業務即是將獅子山的布蘭登堡島作為奴隸貿易據點。後來他才知道該次職務調動是多麼悲慘的事情。在後來的記述中，他寫道：「沒有食物與衣服，貧窮的慘烈狀況遠遠超過想像。」他還在此身染重病。光是恢復就耗費兩年之久。那段時間，他與當地民眾建立起良好關係，甚至萌生就此在非洲生根的念頭。

在那樣的情況下，他的父親向好朋友曼尼斯提求救，終於讓兒子回到利物浦。這時已經是一七四八年五月底的事情了。

成為奴隸船船長

一七四八年夏天，約翰‧牛頓搭上奴隸船布朗勞號（Browlow），開啟他第一次的大西洋奴隸貿易航海之旅。然而，當時他還不是船長，只是一等航海士。在這之前，他雖然已經累積許多貿易航海以及與非洲交易的經驗，但是他才二十三歲。雖然已在非洲沿岸有些實際貿易經驗，但是對於指揮整艘奴隸船稍嫌太嫩，還沒有領導船組員的經驗。奴隸船船長最困難的工作莫過於維持船上秩序。該次航海是為了未來有機會成為獨當一面的船長，是未來能夠指揮奴隸船的一個準備階段。

該次航海非常不順利。他們在獅子山與黃金海岸之間來來去去約八個月，共取得二百一十八名奴隸。然而，這些奴隸發生叛亂，有一名船組員與四名奴隸死亡。此外，在中間航線途中，因船上疾病傳染又犧牲掉六十二名奴隸，死亡率達二十八%，在該時期算是相當高的數值。推測是因為排泄物、食物、水等而感染痢疾。

該船經由安地瓜開往北美殖民地南卡羅萊納州的查爾斯頓。一七四九年八月十四日《南卡羅萊納公報》報導該船抵達的消息。六週的時間內，牛頓成為奴隸買家，十二月一日回到利物浦。附帶一提，他上岸後沒多久就向苦戀多年的瑪麗（Mary Catlett）求婚，隔年一七五〇年二月於查塔姆島結婚。

婚後三個月，牛頓又回到利物浦。曼尼斯提這次命他為奴隸船船長，要求他指揮奴隸船。於是，牛頓在一七五〇年八月十一日擔任阿蓋爾公爵號（Duke of Argyll）船長，從利物浦出航至迎風海岸。然而，該船建造於一七二九年，已經是艘老朽船隻。牛頓自己也說：「那是一艘非常老舊、無法想像可以幹出什麼正經事的船。」

身為一名船長，他最初要面對的問題即是與船組員，特別是與水手之間的關係。船組員有三十人，其中經常有人酒醉鬧事、企圖引起混亂、想要反抗這名新手船長。牛頓對他們的挑釁早已有所防備，針對違反規定的行為予以嚴懲。一些無法控制住的船組員，因為他們本身都有些經驗，所以牛頓便打算將他們引渡為英國海軍。由於甲板長帶頭擾亂船上秩序，牛頓便將他鎖上枷鎖關閉三日，並且讓甲板長發誓「從此服從」。其他船組員也施以鞭刑懲罰。

該次航海因為疾病傳染，包含在中間航線上，光是船組員就有七名死亡，死亡率達二十三%。奴隸方面的情形也一樣，比船組員的死亡率更高。

他們多是一名、二名慢慢地取得奴隸，但偶爾也會有一整團奴隸被帶來，不過牛頓會慎重考量這些奴隸的年齡、膚色、價格等，無法達成協議時也絕不妥協，甚至拒絕交易。船艙下甲板內囤積的奴隸逐漸增加。他給予每名奴隸編號，並且在航海日誌上記錄他們的特徵。隨著奴隸增加，船組員的工作也開始增加，必須供給食物、打掃清潔、隔離染病的奴隸。此外，也必須仔細注意、觀察奴隸的態度，防範企圖叛亂於未然。監視、控制奴隸船上的各種動靜，並且下達命令，這些都是牛頓的工作。

這艘船搭載了一百五十六名奴隸，於一七五一年五月二十二日出航，抵達目的地安地瓜時是七月三日。中間航線途中有十名奴隸死亡。船組員會立刻將死亡的奴隸拋出船外，並在航海日記中記錄該名奴隸的編號。登陸安地瓜時，牛頓在船上最信任的船醫羅伯特・阿圖（Robert Arthur）因為黃熱病去世。他寫信給新婚妻子瑪麗，訴說他的失意。

從安地瓜出港欲航向利物浦是八月十三日。這次的返航過程相當驚險。船舶在大西洋上遭遇好幾次暴風雨。加上船舶老舊，船破人亡已經迫在眉睫。好不容易通過愛爾蘭南端，十月八日終於抵達利物浦。從出發到抵達耗費約十四個月。牛頓因該次航海所獲取的報酬為二百五十七英鎊。那是一名普通水手薪資的十倍以上。奴隸貿易對船長而言是一件非常賺錢的事業。

船東曼尼斯提很滿意於該次的成功出航，所以再次把一項任務丟給牛頓。這次不再使用那艘老舊的船舶，而是新船非洲號（African）。一七五二年六月三十日，牛頓從利物浦出航，歷經八個半月後從獅子山的海岸取得奴隸。這次牛頓也已經預設好想要取得的奴隸「品質」以及價格，不符合條件的奴隸寧可不買。

該次航海過程中，船組員也搞出一些事情。有兩名船組員盜取小船後逃走，又不斷出現感染相同疾病的船組員。然而，只有一人死在非洲海岸上。之後，牛頓收到曼尼斯提的來信，要求他們不要前往預定的安地瓜，改前往聖基茨島。牛頓收到信件時雖然大感意外，但是當時有很多船往來非洲，所以的確可以頻繁傳遞信件。牛頓寫給瑪麗的信件也可以從非洲或是其他地點傳遞至英國。

隨著奴隸增加，必須強化監視布署。船員在海岸進行交易時，船內會陷入人手不足的狀態，奴隸們就會尋找監視布署較為鬆散的時間，伺機逃脫或是反抗。牛頓在一七五二年十二月初察知到奴隸們的叛亂計畫，於是將小刀、石頭、砲彈、鑿子等藏起來。為了讓奴隸們全盤托出叛亂計畫，他們抓住年少的奴隸，並且用指旋螺絲鎖住。另一方面，船員當中也有一些反叛者。牛頓立刻要求這些叛徒下船，把他們趕到英國海軍的軍艦上，才免去一場危險。

如前所述，十八世紀是大西洋奴隸貿易最興盛的時期。那段時期，歐洲各國有許多奴隸船現身於非洲的貿易據點，因此交易往往會在激烈的競爭下進行。一七五三年三月，牛頓因為尚未取得預定的奴隸數量，誠惶誠恐地寫了一封信給曼尼斯提：「我已經在沿岸待了將近七個月，尚無法判斷何時才能離開這裡，不得不預期這場航行最後可能宣告失敗。」他每天都會與全能的神進行精神面的交流，同時亦頻繁地與深愛的妻子信件往來，以穩定情緒。

一個月後的四月二十六日，他們航向聖基茨島。中間航線的過程雖然順利，但是搭載的二百零七人，於卸載時卻只剩下一百六十七名奴隸。死亡率在該時期算是相當之高，高達十九%。最初船組員有二十六人，從非洲沿岸出發時變成二十二人，後來又有一人在中間航線過程中死亡。相對而言，在聖基茨島的奴隸販售情形則較為順利，六月二十日之前，所有奴隸即販售完畢。牛頓將詳細內容都用信件通知曼尼斯提。這次航行結果還是有所獲利，牛頓獲得了二百四十七英鎊。

水手的調配

實際讓奴隸船運作的領頭羊是船長，下面有船醫、一等航海士、二等航海士、甲板長以及料理長，還有更低階、必須服從上頭指示的水手們，約有三分之二的船組員是一般水手。

奴隸船上的勞務工作異常辛苦、薪資並不高，還要冒著相當大的生命危險，因此可以想像要湊足所需的水手人數有多麼困難。附帶一提，十八世紀初水手的一般薪資是每月四十先令，戰爭時期則是六十～七十先令*。一般年收入約為二十四英鎊。在這樣的狀況下，奴隸商人與船長該如何募集水手？既然奴隸船被視為一種「監獄船」，搭上奴隸船時，水手本身必須覺悟自己也已不可避免會身陷監獄。或者，也有可能在覺悟之前就被強制登船。

當然也有些例外，的確會有人主動想要成為水手而搭上奴隸船。然而，通常都是對奴隸船上工作內容一無所知就簽署契約的無知年輕人。有些曾在酒店鬧事的人、不斷進出監獄的人，最後都搭上奴隸船。更常見的狀況是在旅館、酒店等處積欠帳款，為了還債而搭上奴隸船，因此水手本身就是「債務奴隸」。有時或許會被奴隸商人以及船長玩弄於股掌間，陷入窮途末路的境地。總體來說，他們算是更廉價的勞工或是流浪者。

再者，他們的出身來自四面八方。即使都是英國人，還有分威爾斯人、蘇格蘭人、愛爾蘭人等。來自歐洲大陸的有葡萄牙人、瑞典人、丹麥人、義大利人，或是來自亞洲的孟加拉人等。此外，也有許多北美殖民地出身的水手。

非洲出身的水手也很多。例如一七八〇年十月從利物浦出發的奴隸船霍克號（Hawke），在利物浦僱用包含水手在內的船組員，航行至黃金海岸以及喀麥隆河三角洲（今稱武里河三角洲），總共取得四百一十二名奴隸。在中間航線中有三十五人死亡，在聖露西亞卸載三百七十七人。最初有四十二名船組員，十人死亡。因此，又在黃金海岸僱用六名水手，他們全部都是芳特族人（Fante），後來企圖奪取這艘霍克號。

根據克里斯托弗（E. Christopher）的描述，一七八五年八月，奴隸船阿米堤號（Amity）從美國維吉尼亞州的諾福克出航航向非洲的期間便經歷過水手叛亂事件。該叛亂與叫做迪克（Dick）以及威爾（Will）的奴隸有關。他們是船長詹姆士・坦克森（James Tankson）的奴隸，在該船上以水手的身分進行相關工作。叛亂主謀是一名英國水手，叫做理查・史奎爾（Richart Squier）。除了史迪華特（Stewart）這名波士頓出身的黑白混血兒（Mulatto）以及兩名愛爾蘭人，還有美國原住民（印地安人）以及亞洲出身者參與其中。

---

*註：約等於二十分之一英磅。

這個事件的水手來自很多種族。然而，該叛亂受到鎮壓，船舶還是依照原有行程航向非洲，搭載了一百零七名奴隸（有八人死於中間航線），並於聖基茨島卸載。

水手的工作

接著來聊聊奴隸船上的水手工作。

從歐洲港口航向非洲進行奴隸貿易的第一邊路線上，水手的工作與其他種類的航行並沒有什麼不同。早上八點到晚上六點，只要依循甲板上船長與一等航海士的規定正確完成工作，晚上則輪班看守。揚起、收拾、摺疊船帆，以控制航行方向。硬要說與奴隸船相關的工作，就是設有武裝值勤，必須警戒其他國籍的奴隸船或是海軍動作。此外，還必須取得一些小型火器、旋轉炮，或是進行編網工作以預防買來的奴隸逃亡或是自殺。當船靠近非洲，水手必須進入船艙或是下甲板，把要交易的商品搬上船。

接近非洲海岸、進行奴隸交易時，水手的工作量會突然暴增，性質方面也會有所改變。必須選定進行奴隸貿易的據點、下錨、在船舶與海岸之間使用高低桅小帆船或是長板船往來、收集奴隸。如果無法如預期般順利交易，就必須移動船舶至其他據點。如同先前牛頓進行奴隸貿易的情形，獲得奴隸可能需要半年或是更久的時間，有時甚至必須登陸非洲海岸。這時就必須在海岸與船舶之間建造一個能夠覆蓋住主甲板的屋頂，以預防熱帶地區強烈的日照。

從獲得奴隸、裝載至船內開始，就要先將男性奴隸以兩人為一組銬上手銬、腳鐐。一名奴隸的右手臂與右腳與另一人的左手臂與左腳綁在一起。隨著奴隸增加，水手的工作也跟著增加。他們除了要監視那些奴隸，同時也必須照顧他們的日常生活。每天必須讓奴隸們到主甲板一次，讓他們能夠配合音樂跳個舞。除了要供給奴隸食物與水，還要處理他們的排泄問題。水手最討厭的工作就是處理排泄用的桶子。他們還必須實行進入中間航線時的預演。

水手們討厭的另一項工作是晚上必須監視睡在下甲板的男性奴隸。因為奴隸們往往會在晚間討論叛亂計畫，甚至付諸行動。為了阻止這些事情發生，必須每四小時輪班看守。有些奴隸會因為思鄉睡不著而流淚，或是用手銬腳鐐發出聲響。一些同為非洲出身的水手，可能會和同鄉的奴隸交談、講述自己的身世，但也會鞭打那些反抗的奴隸。船上可以使用暴力手段的只有船長、航海士、船醫等高級船員。水手只有在收到上級命令時可以使用「貓鞭」。

當奴隸船接近目的地，就要進行販售奴隸的相關準備。必須幫奴隸們除去手銬、腳鐐，治療在長期航海中所受的傷。還要清潔身體、剃毛、清洗等。最後塗上椰子油，讓奴隸看起來比較有賣像。餐點方面也會增加一些鹽漬的肉類，讓奴隸們儘可能恢復體重。一切手段都是為了提高這些作為「商品」的奴隸價值。

等待著水手們的命運

先前我們提到奴隸貿易中水手的死亡率與奴隸相當，甚至超越奴隸。因為在非洲沿岸停留半年以上，在船長及航海士命令下進行實際交易的其實是水手，他們與當地商人及奴隸接觸的機會比較多。水手在非洲沿岸死亡的原因往往是瘧疾或是黃熱病等以蚊蟲為媒介的熱病。此外，在中間航線上痢疾與天花等傳染病在奴隸之間擴散時，也有傳染給水手或是其他船組員的可能性。

從非洲沿岸到中間航線為止，水手的勞動環境都非常惡劣，所以在體力消耗過度的情況下，罹患疾病的機率也隨之增加。還可能因奴隸叛亂而受傷，或是遭受船長及航海士的暴力懲罰致死。

接著，結束中間航線並抵達目的地後，還有更多災難等待著這些水手們。將奴隸們運送下船、販賣這件工作只有在奴隸船回到母港時有需要。所以在第三邊航行時，水手的工作量大幅減少。例如當初有三十名水手，第二邊時還需要他們進行相關工作，到了第三邊時卻有一半以上都變成閒置人手。到中間航線為止，有一些水手死亡，也有一些水手會選擇留在當地、不返回母國，但是大多數水手還是希望能夠回到故鄉，將掙來的工錢交給家人。

然而，對船長而言，帶著這些剩餘人員回國其實是在浪費人力成本，因此就會開始耍一些手段。也就是說，快要結束中間航線任務時，船長就會與航海士勾結，開始嚴荷對待水手們。經常因為一些雞毛蒜皮的理由就鞭打他們、限制他們的飲食等。英國議會曾在一七九〇年提出批判，表示「許多船長會故意為難船組員，相當嚴苛的對待他們」。健康狀態惡化、患有皮膚病或是潰瘍的水手根本沒有辦法恢復健康，之後不得已只能淪為乞丐。

奴隸死亡率從十七世紀到十八世紀有逐漸減少的趨勢，但是船組員的死亡率卻沒什麼減少。依據克拉克森（Clarkson）的調查結果顯示，一七八六～一七八七年從利物浦出航的奴隸船船組員共有三千一百七十人，其中平安歸航的只有四十五%，可以確認死亡的為二十%，在非洲或是南北美洲消失的則為三十五%。最後這個數值相當耐人尋味，其中或許包含著在非洲沿岸逃亡、根據個人意志下船，或是被拋棄的船組員。

四　奴隸商人與仲介商——控制奴隸船的人們

奴隸商人——達文波特

十八世紀後半的英國，甚至可以說歐洲最大貿易港就是先前已經提到過好幾次的利物浦。根據摩根（K. Morgan）的說法，利物浦奴隸商人於一七五〇年時在奴隸貿易方面投資約二十萬英鎊，一八〇〇年時投資超過一千萬英鎊。此外，英國於一八〇七年禁止奴隸貿易，但在當年，光是在利物浦就對奴隸貿易投資二百六十四萬一千兩百英鎊。估計利物浦奴隸船運送的奴隸總數達一百一十七萬人以上。

奴隸商人必須自己安置好自有或是租賃而來的奴隸船、僱用船長以及船組員、備妥用來交換奴隸的商品、支付關稅、購買保險。也就是說，他們必須組織整個奴隸貿易，自己同時也是投資人。

根據大衛・波普（D. Pope）的資料指出，一七五〇～一七九九年，利物浦有超過一千三百五十名的奴隸貿易投資者。其中大多是小規模的投資者，投資一、兩次後就會從該貿易抽身。波普進一步從十八世紀後期的利物浦奴隸商人中抽出兩百零一人，分析其姓名、對奴隸貿易的投資次數、財產等。

其中有一名位居核心位置的奴隸商人叫做威廉・達文波特（William Davenport，一七二五～一七九七年）。

長澤勢理香曾分析這位達文波特所投資過的奴隸船霍克號三次出海紀錄。根據她的說法，達文波特一生擁有約七十艘奴隸船，投資過約一百六十次的奴隸貿易，總額達十二萬英鎊。除了奴隸，他還從事象牙、砂糖、菸草，以及串珠等交易，但是主要的事業重心還是奴隸貿易。其中，他於一七七九年、一七八〇年、一七八一年使用霍克號進行奴隸貿易的收支已公諸於世。

霍克號第一次航海是於一七七九年六月六日啟航，船長為史邁爾（J. Smale），船組員四十二人。於比亞法拉灣（邦尼灣）的喀麥隆河三角洲（今稱武里河三角洲）附近獲得四百零二名奴隸，隔年一七八〇年二月十七日抵達牙買加的京士頓，中間航線上共有三十四人死亡。同年七月二十四日返回利物浦。

該次航海的收支表如下頁表9所示。支出項目方面，首先是船體及其靠岸裝置費用為兩千四百三十英鎊，用來交換奴隸的貨物成本為三千兩百八十二英鎊。由於達文波特從威尼斯大量輸入可用於奴隸貿易的串珠，因此貨物當中最多的是串珠，占一千三百五十一英鎊。作為裝飾品的串珠在非洲相當受歡迎。此外，威尼斯自中世紀以來即盛行玻璃工藝，串珠曾是

表 9　霍克號首航收支表

（單位：英鎊）

支出項目	金額	收入項目	金額
船體及靠岸裝置費用	2,430	368 名奴隸的銷售額	9,909
裝載貨物	3,282	象牙的銷售額	2,697
內容物　串珠	1,351	運送貨運所得利益	801
紡織品	228	船體及靠岸裝置費用評估價值	1,000
黃銅	507		
鐵器	486		
衣物	135		
武器	151		
酒類	110		
玻璃容器、陶瓷器	96		
刀子	54		
食物飲品、雜貨	164		
船員薪資、伙食費	1,074		
緝捕狀	34		
關稅	142		
雜支	103		
總計	7,065	總計	14,407

出處：長澤勢理香《18 世紀後半におけるイギリス奴隸貿易の支払手段およびその重要性》（同志社大學・學位論文）第 21 頁

註解：先令以下數字省略。

主要的輸出商品之一。除此之外，還有紡織品（應該是棉織品）、黃銅、鐵器、武器、衣物、酒類、食物飲品、雜貨等。船員的薪資以及伙食費為一千零七十四英鎊，其中也包含船長的酬勞。

最有趣的是「緝捕令」這個項目。這是假如處於戰爭狀態，或是遇到敵國即可緝捕法國船舶的許可狀。這是政府公認的一種海盜行為，奴隸船可以進行私人的略奪活動。當然，相反的，法國奴隸船也被國家認同具有相同權利。

此外，在收入方面，三百六十八名奴隸的銷售額為九千九百零九英鎊，象牙的銷售額為兩千六百九十七英鎊，與其他商品合計共有一萬四千四百零七英鎊。相差七千三百四十二英鎊，利潤超過一百%。

第二次航海是一七八〇年十月二十八日於利物浦出航，隔年九月二十日返航。獲取奴隸的路徑與第一次相同，但是銷售地點卻是聖露西亞。購買到四百一十二名奴隸，賣掉三百七十七名。該次航海最值得拿來一說的部分是，從聖露西亞返回利物浦途中緝捕到一艘法國船吉安・艾米莉亞號（Jeune Emilia），所以返航後又多賣了約三千七百英鎊。此外，在聖露西亞購買的砂糖、咖啡等殖民地物產也拿回母國銷售，所以該次航海的利潤直逼九千英鎊。

然而，第三次航海（一七八一年十二月七日出航）卻在裝載奴隸之前反被法國船追捕。損失約六千兩百九十一英鎊。

這個案例足以顯示奴隸貿易是非常冒險的事業。順利的話可以獲得約百分百的利潤，卻有被敵國船隻追捕的風險，特別是在戰爭時期更是嚴重。此外，如前所述，船內經常有奴隸叛亂的風險，也可能遭遇暴風雨，每次出航的基本成本約為六千～七千英鎊，因此很少會由單一名奴隸商人負擔所有成本，往往需要好幾個人共同分擔。也就是說，奴隸商人們每次都會組成聯盟、互相拿出資金。當然，利潤也會依照投資額大小分配。

奴隸商人的財富

根據先前提到的大衛・波普學者調查，利物浦主要有二百零一位奴隸商人，他們的職業各有不同。這兩百零一名奴隸商人們當中，有一百三十名的上一代（父輩）職業是已知的。他們手頭上有一些財產，或是以貿易商為職業。一百零八名是被僱用者，當中有八十名為船長，其中七十一人是奴隸船船長。剩下二十八名為專業人員，有造船業者、製桶業者、製帆業者、配管業者等，並沒有比較貧困的勞工階級。奴隸商人看來都是家世背景較好的，但是不論其社經背景如何，他們的孩子都因投資奴隸貿易而獲取、增加財富，進而提升生活品質。

此外，我們也能得知這二百零一名當中九十四人的剩餘財產狀況。剩餘財產為一千～九九九九英鎊的有五十二人（五十五・三％），他們成為利物浦商人的中間階層。剩餘達三萬英鎊以上的商人有九人（九・六％），其中包含約翰・波頓（John Bolton，未達十八萬英鎊）、托馬斯・鄂爾（Thomas Earle，未達七萬英鎊）、托馬斯・托倫（Thomas Tolerant，未達六十萬英鎊）、威廉・保羅（William Paul，未達八萬英鎊）等大商人。

奴隸商人的一生有一些特徵——通常較晚結婚。在知曉其結婚年齡的一百三十九名當中，約半數是在二十九歲後才結婚。這些晚婚者當中，有四成奴隸商人原本是船長。經歷過船長的歷練、存到一些錢後，再投資於奴隸貿易獲利。

那麼，他們會如何使用這些賺來的財富呢？

詹姆士・喬治森（James Gregson）位於奴隸商人中間階級，他的遺產是三千六百五十四英鎊。他移居至利物浦市區近郊，購屋置產。也就是說，他投資了不動產，並且在該處設置圖書室及酒櫃。他所追求的應該是紳士般的生活。住在有著各式各樣家具及日常用品的郊外別墅，是當時奴隸商人們共同的願望。也就是說，藉由奴隸貿易這種殘酷事業賺取而來的財富，是為了能夠過上紳士般的生活。

另一個重要的使用方法是投資下一代的教育。兩百零一位奴隸商人總共育有九百一十四名孩子（男性四百三十九人、女性四百七十五人），有兩百六十二人（二十八・七％）於二十一歲前死亡。有兩百零三位兒子已知職業，其中有一百零二人從商，有四十九人為律師、聖職人員、將校軍職等專業人士，有十六人是地主。

值得玩味的是，他們當中有十九人畢業於劍橋大學、二十二人畢業於牛津大學。這些人可以說都接受過紳士般的教育。牛橋（Oxbridge）畢業生的職業領域大多集中在上述專業人士。從奴隸貿易獲得的財富流入紳士教育，由此可以得知，接受教育是在英國提升社會地位的契機。

然而，並非所有奴隸商人都能成功。至少有十名奴隸商人破產。此外，提升社會地位有時也不能只依賴奴隸貿易。例如巴克豪斯（D. Backhaus）在利物浦與西印度群島貿易中致富；托馬斯．鄂爾家族在與義大利之間的貿易中致富；海伍德家族（Heywood）則轉移至金融業。

奴隸委託販售業者與委任代理人

十八世紀後半，從金融面支撐利物浦奴隸貿易的是「委任代理人」。

如第一章中所述，三角貿易的奴隸貿易關係一直在變化，可以將該時期切割為第一邊＋第二邊，以及第三邊。奴隸船將奴隸販售出去後，幾乎不會再載回砂糖等殖民地物產，而是蓄積壓艙水後直接返回母國。殖民地物產會另外透過直達母國的短程貿易船運回英國。如前述，相對於奴隸船的標準尺寸為一百～兩百噸，短程貿易船的載重量較大，為四百～五百噸，更能有效率地運送物產。然而，也有如同霍克號那樣，回程多少還是會自行載回一些砂糖等物產，企圖賺點蠅頭小利。

演變成這種交易型態後，勢必就要有一種全新的、可以用來代替殖民地物產的支付方法——票據。票據的開票人是「奴隸委託販售業者」這種中間商（掮客）。他們常住於殖民地，向奴隸船船長購買奴隸後，會先開立票據支付貨款。再將購買而來的奴隸賣到種植園。船長將收到的票據帶回母國後，再交給「委任代理人」這種票據承兌人。一般來說，委任代理人通常都在倫敦。

長澤表示，這種奴隸委託販售業者與委任代理人所扮演的角色可以從達文波特的史料中得知一些過去的狀況。奴隸委託販售業者遊走於利物浦奴隸商人與殖民地種植園主之間，提供能促使奴隸貿易順利進行的服務。主要開立票據的人並非種植園主們，而是奴隸委託販售業者。

他們還會在當地承攬奴隸競標活動。最重要的工作是將當地的狀況，也就是奴隸需求及實際市場趨勢價格等資訊傳達給奴隸商人，奴隸商人才能藉此決定奴隸的銷售對象。當時，有許多船舶航行在大西洋上，五花八門的資訊傳來傳去，簡直就如同前述的牛頓案例。

關於委任代理人方面，追溯其歷史，早在一六七〇年代巴貝多的甘蔗種植園主即以票據支付方式購買奴隸，當時為了執行票據接收業務，遂於倫敦設立票據承兌行。其他英屬西印度群島也仿效此法，開立票據的方式因而開始普及。

當時都是由種植園主直接開立票據，但是進入十八世紀後，由奴隸委託販售業者開立票據的情形開始增加。這個部分恰巧符合從皇家非洲公司獨占英國奴隸貿易時代，進入以布里斯托及利物浦為據點的獨立貿易商人活躍時代。

委任代理人必須執行以下三種業務。首先是代替甘蔗種植園主將砂糖輸出至母國的砂糖委託業務。備妥運送用船隻、支付船舶與裝載物資的保險、關稅、進倉保管、引薦砂糖中間商等服務。委任代理人有時也會直接販售砂糖。

第二，因應種植園主需求，準備一些無法在西印度群島取得的英國製品、種植植物所需的人才，也就是招募白人契約勞工以及各種職工，並且於種植園主的孩子們至倫敦留學時提供教育與照顧等。第三，接收、支付奴隸貿易所開立的票據。上述所有服務，種植園主皆必須支付委託服務費用。

奴隸委託販售業者會將票據分成不同的到期日，例如三個月、六個月、九個月、十二個月，設定好幾種遠期支付時間，再因應該日期開立票據，即可藉此分期支付鉅額款項。並且會依出資比例分配奴隸貿易票據的面額，再一一分別開立給奴隸商人。此外，奴隸貿易每次出航都有多位出資者共同投資，因此每次都會選出「船東代表人」。這位代表必須全面性指揮以及執行奴隸貿易航海相關業務。

根據長澤的研究，達文波特接收到的奴隸票據額度占所有倫敦業者的六成左右，可以說擁有相當大的持份。利物浦業者的票據張數稍微比倫敦的少了一些，但是也占了不少比例。後者是奴隸商人自己成為票據承兌業者。附帶一提，他們承兌的額度占整體的十三％。

倫敦的票據承兌業者有一些特徵。他們通常與金融機構、保險公司、西印度公司相關，此外還包含許多來自胡格諾派、愛爾蘭派、蘇格蘭等特定宗派或是民族的承兌業者。威廉・貝克福特（William Beckford）曾是西印度公司的經營者，同時也是下議院議員。

這些人在議會中探討奴隸貿易廢止法案時，從完全相反的角度提出反對意見。第三章中，我們將會以英國為中心，詳細探討自十八世紀後期開始推動的奴隸貿易廢止情勢變化。

第三章
邁向廢止奴隸貿易之路

威治伍德（WEDGWOOD）公司製作的紀念瓷盤：「吾豈非人，非汝手足哉？」（1787 年左右製作，現收藏於美國大都會藝術博物館）

一　薩默塞特案的後續發展

在英黑人

揚帆前往非洲沿岸的奴隸船在十八世紀後半期達到最高潮，英國方面抗議奴隸貿易與奴隸制度相關運動正悄悄地進行中。一七七二年，薩默塞特案（Sommersett's Case）判決終結，成為一個契機。

一七六九年十一月，史都華（Stewart）這號人物從北美維吉尼亞州殖民地買到一名奴隸，名叫薩默塞特（James Sommersett），並將其運送至英國。一七七一年十月初，薩默塞特從倫敦逃跑，十一月底被抓回。史都華委託欲前往牙買加的船長，將他作為奴隸賣到牙買加。然而，薩默塞特的支持者卻將他在船上被鎖鏈綁著的事情告上法院，他因而收到人身保護令。於是，他的遭遇成為史上最知名的判決之一。

英國社會又是如何看待薩默塞特這名在英黑人的呢？大衛・戴比丁（David Dabydeen）曾在其著作中分析一名誕生於十八世紀的畫家威廉・賀加斯（William Hogarth）的作品，其中就提到了在英黑人的情況。一七二三年四月五日，《Daily Journal》中曾有這麼一段報導內容：「據說每天都有非常多黑人進入這座城市（倫敦）。如果不禁止他們進入，沒多久後，這座城市就會被他們所填滿。」

賀加斯的版畫中出現了各式各樣的黑人，這些版畫在圖像學上有重要的意義。在〈沃拉斯頓家族〉（*The Wollaston Family*，圖3-1）中，和上流家庭一家和樂的亮麗形象對照起來，黑人僕人悄悄退居在後方背景中（印刷照片或許比較難看出，但左側背景中隱約有著黑人的模樣）。圖中有英格蘭銀行總裁女兒以及皇室證券交易所總裁，其中還有南海公司理事等人物，隱含著該家族的富裕與殖民地的商業利益。另一方面，黑人所扮演的影子角色也讓這群光鮮亮麗的人們更加顯眼。

圖 3-1　賀加斯畫作〈沃拉斯頓家族〉（1730 年）Bridgeman Images/amanaimages

另一幅畫是〈兔〉（圖3-2），圖中販賣兔子的黑人很顯眼，貴婦對黑人抱怨著：「哎呀，好臭！這兔子果然不是很新鮮呢！」賣兔人回應：「太太，您這樣說就太不公平了，如果黑人把您的腳抓住、吊起來，您也會變臭的！」

圖 3-2　〈兔〉〔1792 年版畫，大衛・戴比丁（David Dabydeen）《大英帝国 の階級・人種・性》第 24 頁〕

這種妙趣橫生的回答，顯示黑人是很機智的賣兔人。十七～十八世紀的在英黑人職業相當多元，有僕人、馬車夫、餐廳服務員、士兵、水手、演奏家、演員、妓女、乞丐、路邊小販等。

平田雅博注意到有一則《倫敦憲報》（*The London Gazette*）的報紙廣告，介紹十七世紀後半到十八世紀初的逃亡黑人案例。例如一六八六年九月的報導中寫著一名年約十五歲的黑人少年出現在湯布里奇（Tonbridge），他很可能是從主人身邊逃跑。他原本來自托馬斯・金森（Sir. Thomas Jeanson）家中，所以只要主人提出，就可以將他領回。另一個案例是一七〇一年十月以及十一月的報導，一位名叫史蒂芬（Stephen）、年約二十歲、操著標準英語口音的黑人男性在八月時從背風群島被載往倫敦，逃亡沒多久後，到十月就被帶回主人身邊。然而，他於十一月再次逃亡。

這些案例中出現的很可能是非洲黑人，當然也有印度黑人的案例。根據一六九〇年四月的報導，一名年約十二歲、印度出身的黑人少年在倫敦近郊的切爾西被刻上Lob Goldsbrough

（主人的名字）並套上頸圈。

在此所介紹的是截至十八世紀初的案例，一般認為，黑人在英國的數量是從十七世紀後半開始隨著英國帝國的擴大而增加，主要是非洲系的黑人。話說回來，在英黑人的主人職業及身分大多為船長、將校軍職、貴族、外科醫師以及法官等專業人士。

關於十八世紀的在英黑人規模，邁亞斯（N. Myers）一邊重新審視相關研究史，一邊支持布萊德伍德（S. Braidwood）所估計的一萬五千人以下此一說法。此外，最後結論是，其中倫敦地區的黑人人口達五千人以上。

曼斯菲爾德的判決

話題回到薩默塞特案。該場審判從一七七一年到隔年，由高等法院王座法庭（King's Bench）進行，成為相當受到矚目的判決。爭議點在於，英格蘭是否承認奴隸的存在。接下來讓我們隨著森建資的整理，來客觀探究這場判決經過。

薩默塞特的辯護律師哈格雷夫（Hargrave）認為，在英格蘭傳統的司法體系下，農奴是唯一屬於奴隸身分的存在。然而，隨著農奴制度的消滅，他認為奴隸制度也將不復存在，因而展開相關辯論。根據當時的歷史情形，隨著農奴制度衰退，也讓他們恢復成自由的英國人身分。

再者，哈格雷夫根據《僱用契約法》主張雇主（主人）不得對「受僱勞動者（僕人）」施以體罰，或者將他們讓渡給他人。他針對「奴隸」給予以下四種定義：①奴隸必須提供半永久性的勞務，附加的是奴隸主人可以施以體罰。②奴隸不得為自己獲取利益。③奴隸主人可以讓渡奴隸的身體。④孩子必須繼承父母親的奴隸身分。因此，他表示「受僱勞動者」的定義應與「奴隸」相反。此處需要注意的地方是，他將傳統的僕人（Servant）以及奴隸廣泛地涵蓋在一起，「僕人」的概念僅限定於自由勞動下的受僱勞動者。

為此，哈格雷夫斷定英國不存在奴隸，黑奴可以自由進出英格蘭。話說回來，此事件與一開始就強烈關懷在英黑人、後續推動「奴隸貿易・奴隸制度廢止運動」的廢奴運動主導人——格蘭維爾・沙普（Granville Sharp，圖3-3）有所關聯，亦成為哈格雷夫論點的強力後盾。

圖 3-3　格蘭維爾・沙普
（摘自：Memoirs of Granville Sharp, 1820）

針對這個部分，史都華的辯護律師鄧寧（Dunning）一開始就讓步，表示薩默塞特在英格蘭期間的身分並不屬於奴隸。然而，史都華與薩默特之間卻持續維持著主人與僕人的關係，主張後者必須遵奉前者的命令。和哈格雷夫相反，鄧寧奉行傳統的見解，擴大解釋「僕人」的概念，認為應該保障主人接受僕人提供勞務的權利，為此也認可私人裁判權。因此，史都華主張可以對薩默特行使相關權利。

在雙方主張彼此交鋒下，首席法官曼斯菲爾德（Mansfield）認為抓捕薩默特、賣到海外的行為不符合英格蘭法律，判決應立即解放薩默特。

事實上，該判決雖宣布解放薩默特，同時也承認英格蘭有奴隸的存在。然而，判決後隨著薩默特獲得解放，一般人解讀認為，法院明確否認英格蘭存在著奴隸制度。例如判決隔天即有新聞報導：「判決表示，被帶至英格蘭的奴隸將重獲自由。」

繼曼斯菲爾德法官後，一七八七年雖然有欲回歸判決主旨原有的意義，但是已經無法解開誤解。這樣的誤解逐漸發展成為一種神話。當時的英國社會開始醞釀否定奴隸存在的風潮。

奴隸船——宗號船大屠殺事件

以下要介紹另一件觸發奴隸貿易廢止運動的事件，就是一七八一年發生的宗號船大屠殺事件。

奴隸船宗號船（Zong，一百零七噸）由船長路加．科林伍德（Luke Collingwood）率領，有船組員二十人，於一七八一年三月五日自利物浦出港，航向黃金海岸。抵達非洲的日期不明，但是同年九月六日便將四百四十名奴隸以擠沙丁魚般運載至牙買加。途中，傳染病開始傳染蔓延，有六十名奴隸以及兩名船組員犧牲。船長擔心傳染會繼續擴大，於是表示：「自然死亡的奴隸會被當作船東的損失。但是，如果活著直接扔入海中則會成為保險公司的損失。」而奴隸船都是有投保的。

船組員當中雖然也有反對者，但是水手還是只能依照科林伍德的命令，在傍晚時，綁住五十四名奴隸的手，扔入海中。

兩天後又扔下四十二人，沒多久後再扔二十六人。剩下的奴隸們看到那樣驚悚的畫面後，有十名奴隸跳海自殺。據說那些奴隸非常開心地跳海自盡。奴隸死亡數高達一百九十二人。

根據TSTD2的資料，在牙買加被卸下的奴隸數量為兩百零八人。假設這個數值可信，在中間航線上死亡的奴隸數應為兩百三十二人，多出四十人。五十三%的死亡率在西洋奴隸貿易史上也是極為罕見的高數值，算是將奴隸船的恐怖程度高漲到極限的一個事件。船長想將本身的行為合理化為飲用水不足，但這當然是謊言。

此事件在自利物浦返航後的一七八二年交由法院審理，保險公司拒絕支付保險賠償金，船東因而告上高等法院王座法庭。這次的法官還是曼斯菲爾德，這時剛好也是曾在第二章中提及的奧拉達・艾奎亞諾以及沙普等人想要發動廢奴運動的時期。他們譴責將奴隸活生生拋

圖 3-4　透納的〈奴隸船〉（1840 年，現收藏於美國波士頓美術館）

入海中的行為很明顯是一種殺人行為。他們主張奴隸船船長既然殺害了非洲人，就沒有權利得以無罪開釋。

最終原告敗訴，保險公司不須支付保險賠償金。更重要的是，此事件超過民事裁判的範圍，成為能夠讓世人了解奴隸貿易殘酷程度的一個契機。那件事情之後，畫家透納（Turner）也以該事件為題材繪製出一幅〈奴隸船〉（*The Slave Ship*，圖3-4）。恰好在該時期，由反奴隸制度協會（參照第四章）主導，於倫敦召開首屆反奴隸制度國際會議。時為一八四〇年。

二　廢奴運動開始——貴格會教徒與英國國教會福音主義派

倫敦廢奴委員會

因為薩默塞特案以及宗號船等事件，讓在英黑人問題及奴隸貿易的悲慘程度廣為人知。此外，隨著美國獨立，在英國開始感受到危機的一七八〇年代，廢奴運動開始活躍。該活動的其中一個據點是一七八七年五月二十二日於倫敦所集結的委員會——「倫敦廢奴委員會」（以下標記為倫敦委員會）。

起初倫敦委員會的組成成員為十二人，其中九人為非國教會派的貴格會教徒，剩餘三人則為國教會福音主義派〔後稱作「克拉判派」（Clapham Sect）〕。貴格會教徒當中有約瑟夫・伍茲（Joseph Woods）、詹姆斯・菲利浦斯（James Phillips）、塞繆爾（Samuel HoaJunior）。國教會福音主義派中則有先前已經提到過的沙普和托馬斯・克拉克森（圖3-5）。

倫敦委員會創立時先推派沙普為議長，由塞繆爾擔任會計，組織目標設定為廢止奴隸貿易。然而，沙普一開始卻反對該組織策略。他從一七六〇年代起歷經了薩默塞特案，深刻了解在英黑人問題，因此他個人強烈的信念目標是要解放奴隸，也就是廢止所有奴隸相關制度。

圖 3-5　托馬斯・克拉克森

〔卡爾・弗雷德里克・馮・布雷達（Carl Frederik von Breda）作品，1788 年，現收藏於英國國家肖像館（National Portrait Gallery）〕

然而，委員會方面認為，廢止奴隸制度可能會與私有財產權相抵觸，難以立即實現，當下廢奴運動的推動目標應先設定為廢止奴隸貿易。

因此，關於「廢奴運動」這件事，究竟是要先推動廢止奴隸貿易還是廢止奴隸制度？以及如何實現？都會因為時間點不同以及廢奴運動人士不同而有所差異。綜合來說，委員會具體的活動項目是收集奴隸貿易的實際情形相關資訊、以克拉克森為首的反奴隸貿易派決定開始發行宣傳手冊，以便募集活動所需的資金。

然而，此委員會的組織其實是由倫敦的貴格會教徒擔任決定性角色。但是，為何他們會將自己的宗教信條與廢止奴隸貿易、奴隸制度相關議題綁在一起呢？

喬治・福克斯與約翰・伍爾曼

貴格會是十七世紀中葉誕生於英國的一個基督教新教派別，亦稱作公誼會或者教友派

（Religious Society of Friends）。這個非國教會派系的宗派認為，人的內心可以直接接收到神的啟示，目前全世界約有六十萬名信徒，美國約十二萬人、英國約四萬人。在日本，著有《武士道》等書的新渡戶稻造為其中最知名的信徒。

該教團創始人喬治・福克斯（George Fox，一六二四～一六九一年）曾針對黑奴發表以下的論述：如果用私人金錢買來的黑人忠實服侍於主人們，應於一定年限後讓他們恢復自由。必須完全無條件解放他們（並且讓他們擁有一定的金錢）。也就是說，他並不否定擁有奴隸這件事，但同時他也批判讓這些人一輩子掛著奴隸身分這件事。

此外，一名出生於英國的貴格會教徒，後來前往北美殖民地賓夕凡尼亞州的雷夫・桑迪福德（Ralph Sandyford，一六九三～一七三三年）曾說，奪取人類自由是極為嚴重的惡事。他主張應停止奴隸貿易，不應將人類與其出生之處或是家人分離；不應將人類運送至其不熟悉的氣候條件、不了解的語言環境之中。

進入下一個世代後，約翰・伍爾曼（John Woolman，一七二〇～一七七二年）堅信擁有奴隸這件事不符基督教信仰。他譴責貴格會教徒從事奴隸交易一事。此外，他認為白人壓榨原住民（印地安人）以及黑人、有錢人壓榨窮人都是為了自身利益，因此貴格會教徒當然必須讓人自由。再者，他堅決拒絕使用透過勞動生產而來的染料所製成的衣服或是砂糖、蘭姆酒、銀製品。

然而，十八世紀中葉，貴格會教徒當中反對擁有奴隸、奴隸交易的人成為少數派。事實上，有許多貴格會教徒在北美殖民地擁有奴隸並從事奴隸交易。

貴格會教徒的決議與精神

十八世紀中葉以後，貴格會教徒之間的風向有一些改變。北美殖民地（之後為美國）與英國之間挾著大西洋，該地區的奴隸問題浮上檯面，成為一個取決於本身宗教觀、倫理觀及身分認同界線的重要問題。一七五八年，於倫敦舉辦的貴格會教徒年度大會（總會）中曾勸告會員不要沾惹奴隸貿易。該決定同時寄送給英國及北美殖民各地教友派（貴格會教徒組織），費城、紐約、馬里蘭州、愛丁堡的教友派群起呼應、步調一致。

再者，也有報告指出，一七六〇年召開費城年度大會時，不僅該城市會員的態度是反對奴隸制度，同時也擴散到其他北美殖民地。事實上，隔年一七六一年，費城開始針對奴隸輸入課徵高額關稅。同年五月，倫敦年度大會中強制決定，將從事奴隸貿易的英國會員從教友派中除名。該項決定透過教友派這個精密的組織網絡，不僅是在英國各地，北美殖民地的聚會也群起響應，對每位會員的日常生活帶來了極大影響。

那麼，這一連串宣告與決議的背後又隱含著哪些故事呢？希望各位可以從該宗教教義的特徵去思考。

對貴格會教徒而言，神＝聖靈。根據希伯來的傳統，並沒有充滿復仇心的憤怒之神，只有愛與和平之神、所有善的泉源、慈悲的天父。這慈愛滿溢的神藉由自己的兒子耶穌基督來救贖全人類。不僅透過十字架上的耶穌肉體拯救全人類，還藉由耶穌精神永存在人類心中，使人類獲得救贖。這個宗派的中心教義為「內在之光（Inner Light）」，係指全人類心中的耶穌基督精神。

那麼，究竟何謂耶穌基督精神？後續的解釋相當分歧，在此我們選擇貴格會教徒「人道主義」這項道德律來解釋。人道主義的核心是，「期待他人給予我們的東西，也請同樣給予他人」，對他人立場有感同身受的意識，並且從他人的立場自我反省。

將這個解釋放在前述主人與僕人的關係中來看，主人雖然沒有必要將自己擁有的東西分一半給僕人，但是將立場反過來，主人本身想要獲取些什麼時，也請反饋給僕人。此外，奴隸貿易從非洲人家族中奪取其父、其母、其子，是一種悲慘至極的交易方式，若從家族立場去考量，當然要譴責這項不被允許的行為。

就此，會員們意識到奴隸交易以及擁有奴隸這件事是侵犯了人道主義，因而下達一連串宣告以及決議。而且他們希望這項人道主義不僅是限於貴格會教徒的特殊信條。

貴格會教徒的這項決定也反映出同時代教友派的危機意識。十七世紀中葉，該教團成立後，立即策反國教會，因而遭受嚴峻的迫害。然而，會員之間一呼百諾，企圖互相結合、成長為值得驕傲的強大宗派。到了十八世紀，進入所謂的「惰性時代」。原本以樸素與節約作為信條的會員中，開始出現一些事業有成、累積不少財富的人士。這些財富原本應該用於慈善事業或是以善為使用目的，卻為了本身的奢侈生活以及期望更加富裕而不斷進行投資，這些行為明顯脫離貴格會教徒的教義。

這些脫序的行為當中有一些行為不容忽視，也就是奴隸交易以及擁有奴隸。為了譴責這些行為，該教團從「惡魔的世界」中切割，專注於「善的工作」，成為一支相當特殊的宗派，可以說是重新建構了自己的定位。

美國獨立戰爭結束前的一七八三年六月，由二十三名英國貴格會教徒成立一個專門調查奴隸貿易實際情形的委員會。此外，有兩百七十三名貴格會教徒聯署向下議院訴請廢止奴隸貿易，也有幾名下議院議員支持廢止奴隸貿易。

再者，他們強烈意識到應針對奴隸貿易問題舉辦教育大眾的啟蒙活動。於是在各地報紙刊載與此問題相關的短篇社論、發行小型宣傳品等。然而，僅由貴格會教徒推動，效果還是有限。

梅德斯通團與詹姆斯．瑞姆賽

另一方面，英國國教會福音主義派的廢奴運動人士，截至目前為止仍被視為「克拉判派」。然而，根據C. L.布朗（C. L. Brown）的論述，在一七八七年倫敦委員會成立時，克拉判派已不復存在。歷史上的發源處位於距離倫敦．克拉判地區約四十公里處東南方的棕櫚廳（Palm Court），該處實際上是英國國教會福音主義派團隊的主要聚會之處，藉此凝聚廢奴運動意識。

棕櫚廳擁有者為慈善家伊莉莎白．伯芙里（Elizabeth Beuvry），她與青梅竹馬瑪格麗特．米德爾頓（Margaret Middleton）及其夫婿查爾斯（E. Charles）同住。由於擁有的領地位於梅德斯通教區，因此聚集在此的人們被稱作「梅德斯通團（Teston Circle）」。

領地內設有專為照顧生病貧困者以及流浪者的特殊設施。瑪格麗特．米德爾頓特別關心英國社會道德改革及愛護動物運動，其丈夫查爾斯身為海軍督察，則針對強制徵募的海軍士兵們進行道德提升計畫。知名詩人、劇本作家漢娜．莫爾（Hannah More）以及卻斯特主教（之後晉升為倫敦主教）波圖斯（Beilby Porteus）也經常到訪該地。

一七八一年，詹姆斯．瑞姆賽（James Ramsay）擔任梅德斯通教區的牧師。透過聆聽瑞姆賽曾滯留聖基茨島近二十年的經驗，以及關於奴隸制種植園的生動故事，勾起梅德斯通團人們相當大的興趣。瑞姆賽原本的意圖是提高、強化英屬西印度群島的國教會地位，進而改善奴隸狀態。

瑞姆賽也接受梅德斯通團人們建議，於一七八四出版《英屬砂糖殖民地之非洲奴隸處境及宗教改革隨筆》（英領砂糖植民地におけるアフリカ人奴隷の処遇と改宗についてのエッセイ，圖3-6）。那是一本超過三百頁的大作，綜觀古代到美國獨立戰爭時期為止的奴隸制度歷史。書中亦闡述英屬西印度群島奴隸「文明化」的必要性，並以此為基礎期望奴隸們能夠皈依基督教，而且主張這將會讓英國受惠，同時也注意到非洲人的智慧。

該著作特色是作者實際居住過當地，因此描述得相當鮮明。瑞姆賽揭露奴隸主人身為專制君主，統治著奴隸、過著奢侈的生活，另一方面卻藉由鞭子支配、虐待奴隸們，暴露了人類的劣根性。作者認為必須禁止體罰、改善奴隸生活。

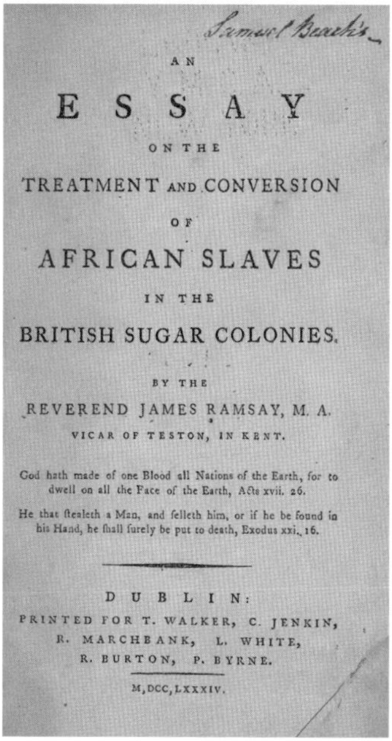
AN
ESSAY
ON THE
TREATMENT AND CONVERSION
OF
AFRICAN SLAVES
IN THE
BRITISH SUGAR COLONIES.
BY THE
REVEREND JAMES RAMSAY, M. A.
VICAR OF TESTON, IN KENT.

God hath made of one Blood all Nations of the Earth, for to dwell on all the Face of the Earth, Acts xvii. 26.

He that ſtealeth a Man, and ſelleth him, or if he be found in his Hand, he ſhall ſurely be put to death, Exodus xxi. 16.

DUBLIN:
PRINTED FOR T. WALKER, C. JENKIN,
R. MARCHBANK, L. WHITE,
R. BURTON, P. BYRNE.
M,DCC,LXXXIV.

圖 3-6　詹姆斯・瑞姆賽的著作扉頁（1784年，現收藏於美國波士頓公共圖書館）

該書汲取四面八方的評論，其中亦包含一些相左的意見，讓大眾能夠毫無遺漏地關注截止目前所發生的一切。奴隸制度相關議題長期爭論不休，亦將砂糖殖民地的母國責任視為一個問題，成為喚醒大眾提出弭平恐怖奴隸制度方針策略的契機。

梅德斯通團當中，最期望能夠實現瑞姆賽思維的是卻斯特主教波圖斯。他批判奴隸被視為殖民地的工作機器或道具，認為必須讓奴隸改信基督教。

然而，奴隸主人認為，基督教教義恐怕會破壞種植園的社會秩序。針對這一點，他表示基督教教義是讓黑人們遵守義務、忠實勤勞最有效的方法。事實上，福音傳道協會（於十八世紀初成立）亦要求強化在英屬西印度群島上的傳教活動。一七八四年，他在協會提出將在巴布達島的科德靈頓種植園對奴隸們實施傳教計畫。

漢娜．莫爾、威廉．威伯福斯、托馬斯．克拉克森

瑞姆賽的著作在一七八〇年代前期的廢奴運動中獲得相當大的迴響。有些人對他提出抨擊，另一方面，下議院議員威廉．喬利夫（William Jolliffe）則接受其著作觀點，提議在下議院成立特別委員會以查探奴隸貿易規模及實際狀況。託瑞姆賽的福，梅德斯通團的評價也有所提升，之後陸續有來自梅德斯通團的人成為廢奴運動知名人士。

先前提到的詩人、劇本作家漢娜・莫爾一開始默默無名，直到造訪梅德斯通後開始傾向探究宗教覺醒問題。她呼籲廢除國教會既有制度、解放宗教情感。另一方面，威廉・威伯福斯（William Wilberforce，圖 3-7）與漢娜・莫爾持有相同想法，他也於一七八三年在梅德斯通與瑞姆賽會面。

威廉・威伯福斯相當年輕就在最大選區約克郡當選下議院議員，據說比起政治家，他更強烈想成為一名宗教家。先前我們提過的約翰・牛頓說服了當時正在猶豫著該選擇哪一條路的威廉・威伯福斯以下議員的身分極力廢止奴隸貿易。撰寫威廉・威伯福斯傳記的雷金納德・科普蘭（Reginald Coupland）曾在書中描述：「倘若世界上沒有奴隸貿易的影子阻擋，威廉・威伯福斯的政治生涯將會更淵遠流長吧！」

圖 3-7　威廉・威伯福斯〔卡爾・安東・希克爾（Karl Anton Hickel）作品，1794 年，現收藏於威伯福斯故居，赫爾〕

米德爾頓、莫爾、威廉・威伯福斯都曾在梅德斯通待過一陣子，各自闡述過心中所描繪的改革大目標。其中包含反奴隸制度、廢止奴隸貿易。然而，根本上要面對的問題是如何促使英國國教會的宗教覺醒。對他們來說，廢奴運動只是促使宗教覺醒的手段，沒有其他意思。反對奴隸貿易與奴隸制度的福音主義派主張：「不僅要實踐宗教的慈善教義，還應該要提出更廣大的運動策略、改革故步自封的國教會。」

一七八六年，托馬斯・克拉克森造訪梅德斯通。他已於一七八三年自劍橋大學畢業，但是還留在校園裡準備神職工作。隔年，他在該大學的拉丁文論文大會中獲獎。再隔年，也就是一七八五年，他亦提出論文獲獎，論文題目是——〈不顧他人意志、使其成為奴隸的行為是否正當？〉。他在撰寫之際翻閱奴隸貿易相關文獻，其中亦包含安東尼・本尼札特（Anthony Benezet）的《幾內亞的歷史評價》（ギニアの歴史的評価，一七七一年）。本尼札特是費城出身的知名廢奴運動人士，同時也是貴格會教徒。

克拉克森隨後與貴格會教徒的廢奴運動人士接觸，於一七八六年將其針對奴隸制度及奴隸貿易相關的第一本著作透過貴格會教徒，同時也是印刷業者詹姆斯・菲利浦斯之手公諸於眾。之後，他才造訪梅德斯通。滯留在梅德斯通時，他宣布：「我的人生將奉行反奴隸制度及廢止奴隸貿易。」

貴格會教徒與梅德斯通團的人士因此開始有所交流，廢奴運動逐步掀起浪潮。

三　奴隸貿易廢止運動與拒買砂糖運動

第一次活動

讓我們具體了解一下倫敦委員會的活動。如前所述，該委員會於一七八七年成立時僅有十二人，到一七九二年為止有三十六人加入，這是包含中途退會的會員人數，會員人數最多時期達四十三人。

在企圖使廢奴運動普及化的過程中，扮演著決定性角色的其中一名貴格會教徒是製陶業者約書亞・威治伍德（Josiah Wedgwood），以及因動物保護運動而馳名的班傑明・福斯特（Benjamin M. Forster）。先前提到過的威廉・威伯福斯則是與查爾斯・詹姆士・福克斯（Charles James Fox）以及威廉斯伯（Williamsburg）等其他議員同時在一七九一年加入。

委員會最重要的核心任務是收集奴隸貿易的資訊與證據，以此為基礎向大眾進行宣傳活動，並於各地組織一些能夠支援這項活動的人們。一七八七年七月，表列已有一百一十六人，其中有九成為貴格會教徒。同年年底，以曼徹斯特、布里斯托、雪菲爾、里茲為首，在超過三十個城市形成情報專員網絡。

成立後的十五個月內，委員會向各地分送手冊、報告書、信件等總計約八萬五千份。印刷與出版皆委託先前提及的菲利浦斯。此外，委員會的活動資金來自於各方捐款。至一七八八年八月為止共募集到二千七百六十英鎊，捐款名單超過兩千人。

克拉克森為了收集奴隸貿易相關資訊、證據，除了到訪布里斯托以及利物浦等奴隸貿易港，也在英國國內四處奔走。為了讓大眾更清楚了解奴隸貿易的實際狀況，他們著手製作奴隸船的圖片。圖中這艘船就是先前曾提及的利物浦奴隸船布魯克斯號。該圖（改良版）於一七八九年春天出版，不僅寄送給各地的情報專員，亦寄送給兩議院的議員。

在這項運動中，先前提及的威治伍德居中扮演著特別且重要的角色。他出生於代代經營製陶的家庭，於一七五九年獨立，並受到王室的庇護，因為開發出乳白瓷器（Cream Ware）等質感高級的餐具而大獲成功。產品以威治伍德（WEDGWOOD）公司創始人之名流傳迄今。

一七八七年秋天，威治伍德為倫敦委員會的活動製作出一塊紀念瓷盤。圖案是由伍茲、塞繆爾、菲利浦斯等貴格會教徒設計，如本章扉頁所示，描繪出一名上鎖的非洲人跪著感嘆：「吾豈非人，非汝手足哉？（Am I Not A Man and A Brother?）」的模樣。威治伍德無償提供給委員會，然而委員會頒布時卻受到相當程度的批評。該設計最後終為各國所用，並且成為廢奴運動的官方標記。

全國性議會請願活動於一七八八年一月由倫敦委員會發起。前一年耶誕節過後，下議院議員威伯福斯向委員會表示：「下次會期之初，將會通過奴隸貿易廢止法案之提案。」收到該消息的委員會遂呼籲各地區情報專員一起行動。於是，曼徹斯特、約克、赫爾、倫敦、伯明罕等各地傳來請願聯署書，截至三月九日為止，已向下議院提出超過一百件聯署名冊。其中，曼徹斯特地區的聯署者就超過一萬人，達到具有選舉資格男性人口的三分之二。

活動到此已經廣為眾人所知，倫敦委員會本身也相當驚訝。然而，這個活動還有幾個問題點。第一，請願內容因地區及團體而有所不同，例如不僅是廢止奴隸貿易，也混雜著廢止奴隸制度以及要求規範奴隸貿易的聯署書。第二，各地區活動推動的熱度各異。英格蘭北部工業區（蘭開夏、約克郡）占總聯署者的三分之一，康瓦耳及蘇格蘭的活動較顯疲弱，倫敦近郊各郡也都欠缺熱度。

在該請願運動背景下，威伯福斯打算立即在議會中提出奴隸貿易廢止法案，但是議會決議必須先收集該貿易相關證據。對倫敦委員會而言，即陷入「危險的等待賽局」。然而，委員會進行奴隸貿易相關證據收集到一七九〇年四月中旬算是告一段落。之後，首相皮特（小皮特）解散議會，並在全國舉辦選舉。

威伯福斯就相同法案提出臨時動議，並於一七九一年四月十八日下午五點在下議院展開演說。他的演說超過四小時，基於諸多證據，其內容很公平、公正。最初表達反對意見的是利物浦奴隸商人伯納斯特・塔爾頓（Banastre Tarleton）。他主張此項貿易是經由議會認可，現在即刻廢止肯定會失去信用、破壞貿易的價值。此外，威廉・揚格（William Young）則表示，這種貿易遲早有一天勢必要廢止。但是，倘若現在決定廢止，英國的利益持分只會被其他國家所瓜分。

菲力普・法蘭西斯（Philip Francis）表示，雖然會對西印度群島有利害關係影響，但是本人支持威伯福斯，也沒有人能夠否認奴隸貿易就是一種犯罪行為。議會結束後，皮特要求發言，再次強調奴隸貿易的不正當性。此外，查爾斯・詹姆士・福克斯強力牽制反廢止派，他認為如果下議院否決這項議題，即表示議會默認掠奪、強盜、殺人的正當性。

議會的論述攻防戰持續到四月二十日的凌晨三點三十分，最後由威伯福斯針對此項議題進行簡單的答辯後才散會。為了投票而出席的議員達整體的一半。最後，威伯福斯的提案以八十八對一百六十三，遭到否決。

國際間的連動

與此會議差不多時期，倫敦委員會開始摸索如何在歐洲各國及美國與一些反對奴隸貿易及奴隸制的組織或個人合作。此舉是為了確保在英國率先廢止奴隸貿易時，其他競爭對手不會去填補該空缺，只是利用他們如前述會議般牽制在各國內的議論。也就是說，相關各國表明將會支持廢止奴隸貿易，但是考量的關鍵在於英國國內的運動是否成功。

與美國合作的廢奴運動，從殖民地時代開始即是以貴格會教徒為中心，美國獨立後，則是由倫敦委員會策動費城以及紐約等地的奴隸制度廢止協會，呼籲能夠從聯邦層級發揮力量，廢止奴隸貿易。結果，到了一七八八年，以賓夕凡尼亞州為首的六大州通過即刻廢止奴隸貿易相關法案。聯邦政府接受這個結果，並且決定在一八〇八年前廢止奴隸貿易。

另一方面，歐洲大陸特別費心與法國的「黑人之友協會（法語：Société des amis des Noirs）」合作。早在法國大革命爆發前，倫敦委員會就曾與法國的反奴隸制度支持者接觸。黑人之友協會中的一名文學家，同時也是在法國大革命後擔任吉倫特派（Girondist）領袖的雅克・皮埃爾・布里索〔法語：Jacques Pierre Brissot，自稱：德・窩里勒（de Warville）〕曾於一七八七年造訪英國，與倫敦委員會成員會面，回法後於一七八八年二月設立（倫敦）委員會巴黎分部。目的在告發並且要求廢止奴隸貿易與奴隸制度的殘酷、不法以及非人性狀態。黑人奴隸制殖民地的兩大擁有國——英國及法國，皆表明欲喚醒世人對於正義及人道主義的必要性。

此委員會的第一代會長由百科全書派的孔多塞（Condorcet）侯爵擔任，會員約有一百人，其中包含有撰寫《什麼是第三等級？》的西哀士（Sieyés）、起草《人權宣言》的拉法耶特（La Fayette）侯爵、亨利・格來瓜爾（Henri Grégoire）神父等人。法國大革命爆發後，克拉克森前往巴黎與拉法耶特侯爵以及孔多塞侯爵等人會面。然而，許多黑人之友協會成員，像是孔多塞侯爵以及米拉波伯爵（Mirabeau）已經在革命中被捕，該活動被迫戛然而止。

倫敦委員會又將先前出版過的幾本手冊翻譯成法文、西班牙文、葡萄牙文、荷蘭文、丹麥文後，傳至各個國家。委員會想要透過這一連串合作活動，確認國際情勢是否正在醞釀反對奴隸貿易，英國方面也深感必須做出典範才行。

拒買砂糖運動

活動雖然看似有一定的熱度，然而，如前所述，威伯福斯的提案被下議院否決，倫敦委員會內瀰漫著一股失落的氣氛。為了洗刷這層陰霾，一七九一年四月二十六日，委員會欲強化組織、接收了一些新成員。以奴隸貿易反對派議員威伯福斯為首，還有福克斯（Charles James Fox）、威廉・史密斯（William Smith）、威廉斯伯等人。此時，威伯福斯正式進入委員會。同年七月，克拉克森展開聯絡各地廢奴運動人士的漫長之旅。

同時，意想不到的是，奴隸貿易廢止運動突然開始活絡，並且出現拒買西印度群島產砂糖運動。克拉克森事後評估，光是在英國，就有超過三十萬人參與這場拒買運動。

由威廉・威伯福斯以及福克斯執筆撰寫《呼籲英國人戒掉西印度群島產砂糖、蘭姆酒等嗜好品》（圖3-8）的宣傳手冊成為引爆該活動的導火線。僅十二頁的宣傳手冊，一本零點五便士，發行四個月內就銷售五萬本。到一七九一年底，已在伯明罕市十刷。這本宣傳手冊何以如此撼動人心？

這本宣傳手冊最大的特色在於，直接將奴隸貿易廢止問題與平時會消費砂糖的人們生活勾稽在一起，迫使他／她們展開具體行動。當時的英國社會喜歡在紅茶、咖啡或是熱可可等飲品內放入砂糖。此外，平時也會將砂糖用於製作糕餅。

英國是當時歐洲最大的砂糖消費國，那些砂糖都生產自牙買加、巴貝多、安地瓜等奴隸制種植園。而人們每天都會使用到在英屬西印度群島透過奴隸勞動方式所生產的砂糖。這本宣傳手冊裡就寫著這項事實。

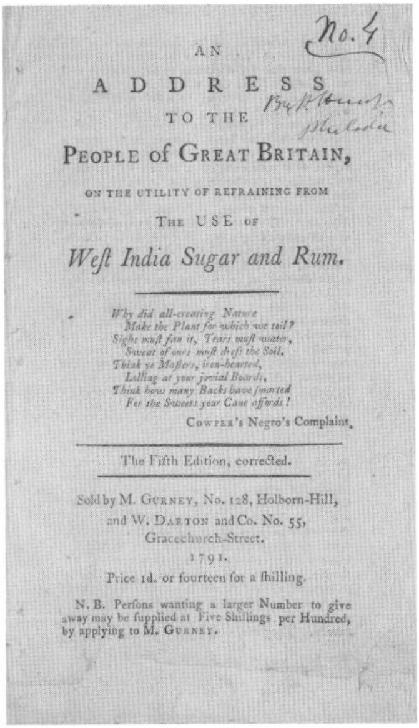
AN
ADDRESS
TO THE
PEOPLE of GREAT BRITAIN,
ON THE UTILITY OF REFRAINING FROM
THE USE OF
West India Sugar and Rum.

Why did all-creating Nature
Make the Plant for which we toil?
Sighs must fan it, Tears must water,
Sweat of ours must dress the Soil.
Think ye Masters, iron-hearted,
Lolling at your jovial Boards,
Think how many Backs have smarted
For the Sweets your Cane affords!
COWPER's Negro's Complaint.

The Fifth Edition, corrected.

Sold by M. GURNEY, No. 128, Holborn-Hill, and W. DARTON and Co. No. 55, Gracechurch-Street.
1791.
Price 1d. or fourteen for a shilling.

N. B. Persons wanting a larger Number to give away may be supplied at Five Shillings per Hundred, by applying to M. GURNEY.

圖 3-8　由威廉・威伯福斯以及福克斯執筆的宣傳手冊

例如宣傳手冊中有一處內容如下：「每週使用五磅（重量）砂糖的家庭，如果停止使用二十一個月，即可避免『殺』掉一名非洲奴隸。」或是：「每消耗一磅從非洲進口的奴隸產物——砂糖，就等於消耗兩盎司的人肉。」

也就是說，人們在日常生活中使用西印度群島產砂糖時，會在不知不覺中殺人、嗜人肉。因此主張：「如果我們能夠控制幾年不消費砂糖，應該就能夠讓西印度群島的奴隸輸入陷入崩壞的境地、改善奴隸們的狀況、增加自然生產的比例。」

手冊中也有講述一些歷史知識，像是：「我們生於啟蒙時代，已超越獸性與不當行為橫行、無知愚昧的野蠻時代。然而，我們尚未充分克服自古以來的野蠻天性，一邊抱持著經打磨過的、感性的人道主義，一方面又進行奴隸貿易這種聞所未聞的殘虐行為。」

福克斯在此強迫大眾二選一。是否願意停止消費西印度群島產的砂糖，符合「啟蒙時代」的生活方式？還是想要持續過著奢侈的生活、回到「野蠻世代」的道德標準。這樣的論述是否有尖銳地戳中人心？

實際上，在伯明罕市有超過一千個家庭停止購買砂糖。倫敦也有兩萬五千人響應這項拒買運動。據說當時的國王喬治三世以及夏洛特王后也參與了這項運動。克拉克森當時奔走於威爾斯和英格蘭各地，根據他的說法，他所經過的城鎮，人人都願意參與這項運動。每一個階層、所有團體、國教會的人們以及非國教會的人們都群起響應。

值得一提的是，此項運動有許多女性參與。由於幾乎都是由女性掌管家庭內的消費主導權，因此砂糖消費問題也成為一個契機，讓大家可以從「餐桌」的角度去思考奴隸們境遇。

第二次的活動

藉此也提高新請願運動發展的機會。一七九二年二月，各地開始進行請願運動。有鑒於前次活動的情形，倫敦委員會希望這次能夠儘量統一請願聯署的內容以及形式。

也就是說，請願內容僅限於「廢止奴隸貿易」，在同一個地點採用同一形式的聯署書，極力避免重複簽署的情形。

最初的聯署書從曼徹斯特送達委員會。接著，又陸續收到來自劍橋、紐卡素（泰恩河畔新堡）、華威、赫爾、雪菲爾、格拉斯哥等地的聯署書。結果，至三月底為止，總共向下議院提出五百一十九件、約四十萬人的請願聯署書。史無前例地在同一會期中，針對單一問題提出這麼多份聯署書，約占當時英國男性人口的十三%。

以此請願運動為背景，威伯福斯於一七九二年四月二日向下議院提出奴隸貿易廢止法案動議。他的演說從下午六點過後開始，眾人徹夜繼續進行相關討論。皮特發言時，宣告日出的晨光正好從窗戶照進來，皮特當場絕妙地表達出他的期望：「讓非洲迎接幸福的日出吧！」

然而，當時議論中最受矚目的是亨利・鄧達斯（Henry Dundas）這號人物。他確實掌握住下議院的氛圍，提倡漸進式執行威伯福斯的奴隸貿易及時廢止提案。其他議員立即表示支持。如此一來，一方面西印度群島經濟沒有受到急遽的影響，同時也能批判奴隸貿易本身的犯罪性，如此中庸之道獲得相當高的評價。鄧達斯的漸進式奴隸貿易廢止法案就這樣以兩百三十票對八十五票，獲得壓倒性的支持，在下議院通過。

事實上，威伯福斯提出該項動議時，倫敦委員會中也有反對聲浪認為時機稍嫌太早。當時法國正在進行大革命，且在一七九一年於殖民地法屬聖馬克（海地）發生大規模奴隸叛亂。有些地區認為奴隸貿易廢止請願運動，是呼應法國大革命的英國雅各賓派在搞鬼。也就是說，輿論風向萌發成「奴隸貿易廢止」與「革命」是一體的。

倫敦委員會開始進行廢止奴隸貿易是否會破壞英屬西印度群島所有權的相關討論。然而，對許多人來說，廢奴運動和法國大革命、海地奴隸叛亂同樣都象徵著暴力與動亂。

威伯福斯與其他委員會成員，對於未能贏得自一七八七年以來致力於及時廢止奴隸貿易一事備感屈辱。然而，他們立刻修正態度，認為漸進式一詞有不同的意義，應該在議會中繼續朝儘量縮短期限的方向推動。一七九二年四月二十七日，經過下議院漫長的討論後，決議將實施日期訂在一七九六年一月一日。

然而，上議院反對該項決議，要求提出更多與該案件相關的證據。此舉讓下議院的決議成為一張廢紙。隔年一七九三年，下議院反對處理更多奴隸貿易相關問題。倫敦委員會想要重啟拒買砂糖運動，但是並未成功。之後，委員會以及奴隸貿易廢止運動陷入漫長的寒冬。

四　海地的奴隸叛亂

開曼森林祭典

圖 3-9　諾魯明創作〈開曼森林祭典〉〔1990 年，浜忠雄《來自加勒比海的疑問》（カリブからの問い），第 20 頁起〕

一七九一年八月十四日晚間，加勒比海上伊斯帕尼奧拉島西半部的法屬聖馬克（現為海地共和國）北方北部省（Plaine-du-Nord）的開曼森林，有一場奴隸們的大型聚會（圖三—九）。聚會目的是要號召眾人揭竿起義。該場集會約有兩百名代表各地種植園的奴隸管理員參與。主導這一切的是一名叫做達蒂・布克曼（Dutty Boukman）的黑人，他鼓動黑人們聚集，並且將奴隸起義的行動日定於八月二十二日。之後，即爆發「海地革命」。

根據進行海地革命相關研究的浜忠雄著作，他們會先宣誓，並且在儀式結束之前，進行感人動魄的儀式，也就是所謂的巫毒祭典（Voodoo）。在狂暴的雷雨中，一名高挑的黑人女性出現在中央，將手上的刀子在頭上旋轉，「跳著骷髏之舞，唱著具有非洲風情的歌曲」。接著，她會將刀子插進黑豬腹部，將「起泡的豬血分送給眾人」。最後，眾人宣誓會絕對服從揭竿起義的首領——布克曼。

雖然有人質疑這場「開曼森林祭典」的真實性，但毫無疑問的是，黑奴們在八月二十二日夜晚揭竿起義。從幾個種植園逃離的奴隸們聚集在北部的灣岸，前述的布克曼以及奧古斯特（Auguste Brouard）獲選為指揮官，殺害周邊的種植園管理人及種植園主，並且放火燒毀農園建築物。奴隸叛亂在北部一帶如野火燎原般擴散，到隔天清晨為止有三十七人遭到殺害。

據說最初有一萬兩千人至一萬五千人起義，到一七九一年底增加超過五萬人。相當於北部奴隸人數的三成。持槍以及勞動工具武裝起來的奴隸們湧入海地角，並以該地為據點。同年九月底，北部多數甘蔗種植園、咖啡種植園被縱火，據說有超過一千名白人被殺害。

一七八九年時的海地人口組成為：白人三萬八百二十六人、有色自由人口兩萬四千八百四十八人、黑奴四十三萬四千四百二十九人，總計四十九萬一百零三人。約有九成人口是黑奴。白人幾乎都是來自法國的殖民者，像是種植園的擁有者、管理人、殖民地官員，以及貿易商人等。所謂的有色自由人，幾乎都是白人與黑人之間的混血自由人，其中亦包含被解放的黑人。

話說回來，在其他法屬西印度群島的奴隸人口（一七八八年）方面，瓜地洛普約有八萬五千名、馬丁尼克約有七萬三千名黑奴，海地則擁有高出上述這些地方五～六倍的黑奴。海地在舊制度（法語：L'Ancien Régime）時期有「加勒比海明珠」「安的列斯女王」等稱號。當地奴隸制種植園所生產的砂糖及咖啡帶給了法國莫大的財富。

法國大革命與人權宣言

十八世紀的法國與英國不斷發生戰爭，國家財政持續出現破口。國王路易十六為了解決這個問題，想要試著針對特權人士進行課稅等財政改革，但是受到特權人士抗議，因此破例召開一六一四年後就沒有再召開過的三級會議。一七八九年五月，雖然在凡爾賽召開三級會議，但是在決議做法方面，特權等級者與第三等級（平民）處於對立狀態。

一個月後，第三等級的議員們表示，國民議會中只有他們自己能夠代表國民，並且開始起草憲法，期望藉由這項舉動壓制國王以及部分貴族。同時，巴黎民眾因為麵包價格上漲等問題苦不堪言，開始攻擊象徵用權力或用武力鎮壓人民的巴士底監獄，各地農民群起響應此事，法國大革命一觸即發。

國民議會在同年八月決定廢止封建特權，廢止其領主裁判權以及十分之一稅率等權益。

再者，議會也採納人權宣言，提倡所有人類自由、平等、主權在民、私有財產不可侵犯等，決定就此告別舊制度。

然而，如果要問「何謂法國大革命？」應該很多人會回答「人權宣言」。但是浜忠雄認為必須慎重解讀所謂的「人權宣言」。首先，「人權宣言」只是簡稱，正確應翻譯為「人權與公民權宣言」。也就是說，一方面有「人的權利」，另一方面還有「公民的權利」，明確區分兩者差異相當重要。例如第一條「人生而自由，且在權利方面始終是自由與平等的」，在此所指的「人」是一般所稱抽象的人格，並非實際存在於每個人心中。

在「公民的權利」方面又是如何呢？第十四條表示：「所有公民都有權利親自或由其代表確認公共賦稅的必要性，可自行決定是否認同、知悉其用途、決定稅率、課稅評定與徵收方式以及期間。」具有決定賦稅及其使用方法相關權利、參與立法的權利、擔任公職的權利等「公民的權利」，並不同於「人的權利」。

那麼，誰可以行使「公民的權利」呢？針對這一點，人權宣言中並沒有明文規定。然而，在審議過程中，西哀士表示：「至少現況是女性、小孩、外國人，以及在公共建設維持方面無貢獻者，不得就公共庶務相關問題行使任何主動影響力。」依法律規定，這裡所指「行使會影響公共庶務相關問題之能力」者，稱作「積極公民」，資格為二十五歲以上法國男性、繳納過一定金額以上的稅賦、非受僱用者等。根據浜忠雄的文獻記載，依一七九一年統計結果，能夠滿足該條件的積極公民約有四百三十萬人，只不過占全人口的十五・六%。這樣的數字當然不包含黑奴在內，因為他們不被視為人，只是奴隸主人的「財產」。即便已頒布人權宣言，還是與黑奴無關。

廢止奴隸制度

我們應當驚訝的是，海地奴隸叛亂在揭竿起義後經過兩個多月，至一七九一年十月底，消息才傳回法國議會。針對該項報導，法國國內爆發各種議論，因為在革命進行的漩渦中，狀況也是瞬息萬變。其中最具有撼動力的言論是讓有色自由人與白人結盟，才可以守護殖民地奴隸叛亂以及乘機侵略的英國。於是，一七九二年四月頒布有色自由人與白人在法律上皆平等的法令。有色自由人可以依照自己的需求，決定與奴隸一起起義或是與黑奴為敵。

然而，另一方面，也有讓・保爾・馬拉（Jean-Paul Marat）這種對奴隸叛亂有所共鳴的共和主義者。他在論文中提到：「殖民地有脫離遭到母國暴虐牽制的權利。」激進主張有色自由人及黑人可對白人殖民者行使自決權。

當時，歐洲開始的革命運動，影響波及到相隔一片大西洋的海地。法國在一七九二年四月先對奧地利宣戰，隔年二、三月也與英國、西班牙進入戰爭狀態。西班牙軍隊從與海地東方鄰接的西班牙屬聖多明哥朝向海地東北部進攻。另一方面，英國軍隊於九月從牙買加進攻，壓制海地西南部。然而，海地的部分種植園相當期待英國軍隊的到來，還特意做了一些指引。英國軍隊的行動目的是預防海地奴隸叛亂影響波及到牙買加等其他地區。

這時，法國於一七九三年一月處死路易十六世，派遣至海地的軍隊分裂為共和派與保王派，無法取得統一。此外，原本居住於海地的部分法國白人們在奴隸叛亂後直接歸國，部分則逃離至美國或牙買加。特別是一七九三年六月，黑人奴隸在馬卡亞率領下虐殺白人數百人，引發「Macaya 事件」，據說當時導致高達一萬名白人逃向美國或是牙買加。

在喪失殖民地的危機下，辛托恩納斯（Léger-Félicité Sonthonax）等由法國政府派遣而來的代表委員，將武器交給黑奴，讓他們與英國軍隊以及西班牙軍隊對抗，為此，就必須先解放黑奴。一七九四年二月四日，國民公會有了以下決議：「國民公會宣布廢止所有殖民地的黑奴制度。此外，國民公會宣布所有居住在殖民地區的人們，不因肌膚顏色而有所區別，皆為法國公民，得以享受憲法所保障的一切權利」。

根據浜忠雄的文獻記載，該決議就在「共和國萬歲」「國民公會萬歲」的歡呼聲與掌聲中通過。

杜桑・盧維杜爾與拿破崙

海地革命與法國大革命中，出現了一些重要的人物，那就是杜桑・盧維杜爾（Toussaint Louverture）與拿破崙・波拿巴。

杜桑並非奴隸，而是有色自由人，在原先的領袖布克曼遭到處刑後才加入起義，透過其優秀的政治、軍事手腕帶領、推動奴隸解放鬥爭。另一方面，拿破崙藉由一七九九年的「霧月十八日政變」掌握獨裁權力後，推翻上述國民公會廢止奴隸貿易制度之決議，並且策動海地恢復奴隸制度。因此，海地方面出現抗議聲浪，期望從法國獨立出來。

杜桑的父母因奴隸貿易從西非被運送至海地，成為北部省（Plaine-du-Nord）種植園內的奴隸，該種植園為諾埃（Noe）伯爵所有。杜桑於一七七七年左右獲得解放，成為約二十公頃的咖啡種植園主，擁有十三名奴隸。由於經營順利，他累積了相當可觀的財富。他還學習法語及數學、閱讀古羅馬凱撒大帝的《高盧戰記》以及啟蒙思想家之一雷納爾（Raynal）的著作《東西印度史》（*Histoire des deux Indes*）等書籍，在有色自由人當中有相當高的文化程度（圖3-10）。

杜桑加入奴隸叛亂之際，眾多黑奴們揚起繪有象徵法國波旁王朝百合花的白旗遊行。也就是說在最初的階段，他們完全沒有想要從法國獨立，黑人們的目標只是想要擺脫奴隸的身

圖 3-10 杜桑・盧維杜爾（1797-1801 年時期的版畫，現收藏於紐約公共圖書館）

分。因此，他們當時將鬥爭的矛頭指向白人種植園主。

杜桑因為具有藥草方面的知識，成為衛生隊督察，因而展露頭角，隨後再成為部隊指揮官。之後，一七九三年三月前（時間點不太確定）杜桑與其他指揮官和聖多明哥的西班牙軍隊聯合，在同年十月控制住海地北部。與西班牙軍隊同盟，不僅能夠獲得資金及兵糧的供應，也能確保享有西班牙公民自由及權利。

然而，杜桑並沒有斷了想要解放海地奴隸的念頭。一七九四年五月，他脫離西班牙軍隊，加入了法國軍隊。相對於只有部分黑人能夠從西班牙獲得自由，如同先前所述，這時法國本身已經決議廢止奴隸制度。

與法國軍隊同盟的杜桑在同年六月從西班牙軍隊手上奪回海地北部，也與進攻同一地點的英國軍隊作戰，並且獲得勝利。他因此在一七九七年五月被任命為海地防衛總司令官。然而，如前所述，法國本身在拿破崙支配下，奴隸制度復活的機會再度萌芽。

對於該動態有所警戒的杜桑開始與英國及美國接近。與英國的談判內容是英國不得再度進攻海地，海地方面亦不進攻牙買加，此外，英國必須在海地宣布獨立時予以支持。與美國之間則是協議進行貿易振興。然而，兩國的關係維持得並不長久。英國與法國之間基於《亞眠和約》（*Treaty of Amiens*，一八〇二年）開始進行交涉，結果與杜桑關係決裂，與美國之間的關係也出現嫌隙。

杜桑在一八〇〇年七月之前幾乎掌握住整個海地，隔年一八〇一年二月，拿破崙任命其為將軍。七月頒布共有七十七條內容的《法屬殖民地聖馬克憲法》。此處值得注意的是，其內容仍然將海地視為殖民地，並未標榜獨立。此外，第三條中明確提出廢止奴隸制度──「不得存在奴隸制度」。再者，也明訂杜桑為終身執政總統。

另一方面，拿破崙在一八〇二年五月的法令中明確提出將重建殖民地的奴隸制度，目標甚至是要讓奴隸貿易正常化。浜忠雄表示：「說到底，拿破崙的殖民地、黑人奴隸制度政策就是赤裸裸的種族主義。」拿破崙禁止沒有許可證的黑人、有色自由人進入法國當地，並且禁止白人與黑人通婚。杜桑與拿破崙對於海地的統治想法南轅北轍。

拿破崙在前述法令制定之前就已經開始行動。一八〇一年十月，拿破崙胞妹波利娜的丈夫勒克萊爾將軍奉命前往海地。該派遣軍的船上載有杜桑的兩名兒子──艾薩克（Isaac）以及皮里斯特（Placide）。他們倆彷彿被當作人質，於一七九六年被送至法國。第一批派遣軍抵達海地北部的海地角時是一八〇二年一月底到二月初。同年六月，法國將軍布呂奈（Jules

Brunet）慎重寫信給杜桑，想要徵招他進入司令部。然而，這卻是一個卑劣的計謀。毫無防備的杜桑被捕，並立刻被送至法國。杜桑被關在茹城要塞（Fort-de-Joux），於一八〇三年四月七日死於獄中。

然而，拿破崙想要恢復海地奴隸制度的計畫被繼承杜桑遺志的讓・雅克・德薩林（Jean Jacques Dessalines）破壞。一八〇三年十一月，海地革命軍屢次奪回被法軍占領的地區，十一月二十九日，德薩林與其他眾人聯署宣布「聖馬克黑人獨立」。法軍遭到降伏，於十二月初撤離海地，獨立戰爭結束。

隔年一八〇四年一月一日，革命軍領袖集結於戈納伊夫，發表「正式放棄法國公民宣言」。史上第一個黑人共和國海地就此誕生。

五　英國廢止奴隸貿易

廢奴運動重新集結

海地革命強烈影響、鼓舞了拉丁美洲的獨立運動，以及奴隸解放運動。此外，美國的廢奴運動人士響應海地革命，提出「效仿聖馬克黑人」的口號。海地儼然成為「解放奴隸的象徵」。然而，另一方面，拉丁美洲獨立運動領袖——弗朗西斯科・德・米蘭達（Francisco de Miranda）以及西蒙・玻利瓦（Simón Bolívar）認為，應慎重避免讓黑人及有色自由人參與相關運動，以免成為流血犯罪的舞台、「重蹈海地的覆轍」。

海地共和國誕生之際，英國也越過了漫長的奴隸貿易廢止運動寒冬，春日暖陽再次降臨。先前的倫敦委員會成員於一八〇四年五月二十三日重新集結，檢討重新展開運動的相關策略。委員會實質解散後，以在議會孤軍奮戰的威伯福斯以及因健康問題而在湖邊療養的克拉克森為首，沙普、喬治・哈里森（George Harrison）等舊成員重新加入，並展開相關活動，還有詹姆斯・史蒂芬斯（James Stephens）、扎哈里・麥考雷（Zachary Macaulay）、亨利・桑頓（Henry Thornton）等新成員加入。

奴隸貿易廢止運動的核心是在議會進行遊說活動。也就是說，強力促使上下議院的議員成為奴隸貿易廢止派。威伯福斯在同年五月三十日向下議院申請提出奴隸貿易廢止法案許可申請，結果以一百二十四票對四十九票通過。後續也通過二讀、三讀，反對勢力明顯減少。然而，上議院因為霍克斯伯里伯爵（Hawkesbury）的修正動議而將審議延至隔年。

隔年一八〇五年二月，威伯福斯再度提出相同動議，但是在二讀會中又被提出延後半年審議，並且以七十七票對七十票通過。這樣的狀態發展對威伯福斯等人來說是意外且沉痛的結果。相對於廢止派議員之間有些意態闌珊，西印度群島派的議員們則希望捲土重來。

有鑒於此次失敗，威伯福斯修正路線，轉而針對那些欲前往英國甫獲得的舊荷屬蓋納亞（The Guianas）的英國商人，提出禁止奴隸輸出法案。當時英國國內的砂糖供給已經過剩，此外，在二次進口市場方面，像是巴西、古巴、東印度產的砂糖互相競爭，整體陷入供給過剩的境地。如此一來，輸往蓋納亞的奴隸也造成砂糖生產過剩情形更為嚴峻，威伯福斯主張其違反國民利益。結果，一八〇五年八月十五日，開始禁止向荷屬蓋納亞輸入奴隸。這對奴隸貿易廢止派而言，意味著已獲得部分勝利。

一八〇六年一月，皮特突然辭世，威廉·格倫維爾（William Wyndham Grenville）接任首相，與威伯福斯頻繁接觸。同年三月三十一日，亞瑟比德克（Arthurpicot）議員向下議院提出禁止英國商人將奴隸輸往外國殖民地相關法案。針對此議題，反對者一直以來都表示該法案會造成對非洲的輸出減少，使英國產業及貿易蒙受損害，或是英國抽手後只會讓其他國家商人趁虛而入，反而會成就西印度群島商人們的利益。不論如何，幾乎都糾結在政治經濟上的利害考量。

結果，一八〇六年五月一日，下議院通過該法案，上議院也於五月十六日通過。因此，由英國奴隸商人所運送的奴隸數量預計將削減至一半以下。

最終局面

到英國實現全面禁止奴隸貿易為止，還差一段路程。格倫維爾把目標放在一八〇六年九月時的大選。選舉結果雖然稍微削減廢止奴隸貿易的反對勢力，但尚未完全清除，隔年一八〇七年一月，他們為了反對廢止議題而前往上議院請願。參與該請願運動的有利物浦商人、市會議員、港灣理事、牙買加及千里達及托巴哥商人等。他們希望能夠築起最後一道防波堤。

同年一月二日，格倫維爾於上議院提出奴隸貿易全面廢止法案，實際開始審議的日期訂於二月五日。當天，格倫維爾發表了長達三小時的演說，其內容強調四個「正義」。第一，應行使貴族議員之權利，為廢止奴隸貿易伸張正義。第二，向殖民地的種植園主強調，這項正義絕對不會阻礙其真正的利益。第三，對非洲居民應存有關懷的正義。最後，行使這項正義時，並不會受到外國競爭對手的威脅。他的演說受到極大的讚揚，該法案遂於上議院通過，包含委託書在內，總計獲得一百票對三十四票。

法案於二月十日被攜至下議院，整個議會壓倒性地支持廢止奴隸貿易。這一點可以從威伯福斯一入席，眾多議員就鼓掌喝采迎接的狀況一窺究竟。許多議員都深感應當基於正義與人道主義，廢止奴隸貿易。決議結果是兩百八十三票對十六票，大幅超出預期、贏得勝利。之後，三月二十五日該法案又追加罰則等規定，並且獲得皇室同意。據此，一八〇七年五月一日後，就不再有奴隸船自英國港出航。一八〇八年三月一日後也不得在殖民地卸載奴隸。

倫敦委員會自成立後歷經二十年，終於在此時達成目標。

六　在英黑人與獅子山殖民地

奴隸貿易廢止及殖民地擴大

在此想要強調的是，英國雖然毅然決然廢止奴隸貿易，諷刺的是，伴隨而來的卻是背地裡開始擴大殖民地。隨著奴隸貿易廢止運動，與之密切相關的西非西南部獅子山（現為塞拉利昂共和國）逐步被殖民地化。在此先說結論，在英黑人被帶入該地區，殖民區域因而不斷擴大。

這個部分後續還會再詳細敘述，自從英國母國廢止奴隸貿易之後，就開始從外交以及軍事上對其他國家施壓，要求締結奴隸貿易廢止條約。在這樣的政治背景下，英國海軍開始緝捕其他國家的奴隸船並帶至獅子山，隨後解放那些被關押在船上的奴隸。於是，幾乎所有被解放的奴隸都就地在獅子山開啟新生活。

一七八三年美國獨立戰爭結束後，至少有一萬四千名黑人與英國軍隊共同行動，他們被稱作效忠派（Loyalist，又稱保皇黨）。回顧後發現，在戰爭爆發時的一七七五年十一月，維吉尼亞州殖民地總督鄧莫爾伯爵（約翰・默里，John Murray）因發表英方對於參與英國軍隊的奴隸們將給予自由的「鄧莫爾宣言」而聲名大噪。此外，一七七八年後期，英國軍隊在美洲南部各地區展開平定作戰之際，發生數萬名奴隸大規模逃亡的事件。英國軍隊把這些奴隸當作戰利品，驅使他們從事各式各樣的勞務。黑奴們為了解脫，只得賭上性命投身軍旅。

戰後，英國軍隊撤退的同時，部分黑人們從薩凡納、查爾斯頓、紐約等地前往英國。除此之外，據說也有數千名黑人前往英屬加拿大地區的新斯科舍（Nova Scotia）。大約從一七八四年開始，有更多黑人出現在倫敦市區。他們與先前所述的當地黑人融合在一起，成為新的「在英黑人」。他們大多是沒有工作的貧困階層。

為了處理這種狀況，一七八六年初成立「黑人貧民救濟委員會」，開始進行相關的慈善活動。同年九月底，協助對象達一千人。該委員會是半官半民的非營利組織，雖然也有來自民間的捐款，但幾乎都是由政府出資。到活動截止的十月之前，據說總共花費了兩萬英鎊。

把黑人移送至獅子山

在進行該救濟活動的同時，欲將「在英黑人」送至獅子山的殖民計畫亦浮出水面。提出該計畫的是業餘生物學家亨利・史密斯曼，他曾在一七七〇年代前半期於獅子山及其周邊進行探勘、收集植物標本。史密斯曼的構想是摒除西非各地原有的奴隸勞動方式，設立以自由

圖 3-11　獅子山殖民地（1790 年時的版畫，現收藏於大英圖書館）

勞動為基準的農業種植園。此外，黑人與白人是平等的，是基於民主主義、自由主義原則的自由共同體。他的構想牽動著在英黑人們。

史密斯曼的構想喚起倫敦廢奴運動人士們的關心，其中包含當初最積極表明支持的沙普。他積極參與先前提及的薩默塞特案審理，也與在英黑人有密切的關係。當他知道史密斯曼的構想，將其視為幫助在英黑人建立一個理想社會的藍圖。黑人們透過基督教而「文明化」，過著有生產力的生活。

過去，黑人貧民救濟委員會並沒有過這樣的構想。委員會開始宣傳「再也沒有像獅子山這麼適合黑人生活的地方了！」甚至還準備支付參與該計畫的黑人殖民者每人十四英鎊作為誘因。然而，要讓黑人們認真回應這件事其實有點難度。因為，誠如第一章所述，獅子山曾是奴隸貿易活動的據點之一。

然而，除了部分黑人懷疑該計畫，也有一些黑人即使知道有風險仍然願意遷入殖民地，拿自己的未來賭一把。救濟委員會為了增加殖民者的候補人數，將每天的援助活動改為遊說黑人們在殖民契約上簽名，約有一半的黑人被強制執行。前述的艾奎亞諾對該計畫表達強烈關心。救濟委員會因而促使他接下該事務的監督管理工作。當時，他曾向委員會建言，必須在當地制定防止人口販賣的因應對策。英國政府遂於一七八六年十一月將艾奎亞諾任命為代理執行者。

計畫開始執行的時間相當緊迫。同意殖民計畫的黑人們為了不要成為奴隸商人的俎上肉，於是要求政府發給他們身為英國人民的證明書以及武器。也一併要求配置警察、駐守軍隊、糧食、鍛造冶鐵廠、帳篷、茶以及砂糖等。該計畫對於想要在海外尋求機會的部分白人而言也極具魅力。因此，包含黑人、白人在內，約有七百人簽署自願殖民契約。

然而，之後一直有人對該計畫持懷疑態度，艾奎亞諾自己也是其中一人。他在物品裝船時發現艤裝*業者的不當行為並予以告發後，他的代理執行者職務反而遭到撤除。一七八七年二月，從普茲茅斯港（Port of Portsmouth）出航時，三艘船加起來共有四百五十六人。其中只有一百多人是自願殖民的白人。出航後沒多久就遭遇猛烈的暴風雨，打亂航行隊伍，因而被迫立即停靠在普利茅斯港（Port of Plymouth）。四月再次從出航時，自願殖民者增加到四百一十一人。

航行隊伍於一七八七年五月抵達獅子山。航行中有三十四人死亡，自願殖民者再減至三百七十七人。擔任航行隊伍隊長的湯姆森船長從當地的譚恩族（Temne）首長手上買到二十平方英里的土地，最初抵達的殖民地點以格蘭維爾・沙普之名命名為格蘭維爾鎮。

不幸的是，在建好住房之前剛好遇到雨季。已經因為漫長航海而虛弱不堪的殖民者一一病倒。至同年九月為止，已有八十六人死亡，十五人離開殖民地。至隔年一七八八年初，據說減少至一百三十名殖民者。八月時，由沙普主導、從英國運送的物資終於抵達，卻仍無法將殖民地從幻滅中拯救出來。進入殖民地四年後，據說僅殘餘六十人。

新斯科舍的黑人與牙買加的摩爾人

然而，獅子山這個地方依然維持著一種「自由人們的理想殖民地」形象。一七九〇年，沙普、威伯福斯、桑頓等人為了在非洲進行合法貿易，而組織設立「聖喬治灣協會」。隔年六月獲英國政府頒發許可證，創設獅子山公司。該公司由十三名董事組成，並由銀行家桑頓擔任董事長，資本額超過二萬英鎊。公司經營的目的是想要在獅子山藉由基督教以及歐洲文明的滲透，壓制奴隸貿易、推動合法貿易。

該董事會的構成成員皆為後續稱作「克拉判派」的「國教會福音主義派」。克拉判是倫

*註：船殼建造完成並下水後，會靠在岸邊裝備船以外的各種設備，例如錨、桅杆等部件。

敦南部的一個地名，桑頓的老家就在該地區。根據歷史記載，聚集於前述梅德斯通的人們有一部分聚集到桑頓的老家地區。威伯福斯及其友人查爾斯・格蘭特（Charles Grant）、詹姆斯・史蒂芬斯、扎哈里・麥考雷，以及在該地區擔任牧師的約翰・維恩（John Venn）等人，每一位都在廢奴運動上扮演著重要角色。

同時，有一名從新斯科舍前往英國、名叫托瑪斯・皮塔斯的效忠派黑人。先前我們曾提及新斯科舍是美國獨立戰爭時期，部分英國黑人們逃往的避難地點。儘管黑人們在該地合法依約擁有土地，卻都不被承認。為此，皮塔斯於一七九一年赴倫敦向英國政府求償。

皮塔斯與沙普、桑頓等人接觸時，他們正好在談論獅子山的被殖民計畫，於是皮塔斯便將這些資訊帶回新斯科舍。一七九二年一月，一些對於被殖民計畫有興趣的黑人們集結在一起，共計一千一百三十一人搭乘十六艘船於三月抵達獅子山。航行過程中有六十五人死亡。指揮船隊的是托馬斯・克拉克森的胞弟約翰，他被任命為獅子山總督。

然而，當地尚未準備好面對眾多的殖民者。雖然在格蘭維爾鎮建設有新城鎮——「自由城（Freetown）」，但是當地糧食相當不足。而獅子山公司派遣的糧食船約克號（York），在途中遭逢不測，無法順利抵達當地。進入六月後，雨季開始，有七百名以上的殖民者罹患熱病。即便如此，這些來自新斯科舍的殖民者仍堅持留在自由城，遇到任何困難都不屈不撓。至一七九六年，已有三百～四百戶人家在該城鎮定居下來。然而，殖民地制度化與穩定化之路還相當漫長。

接著，另一批進入獅子山的黑人是牙買加瑪隆人（Maroon）。所謂的瑪隆，是指生活於加勒比海群島及南北美洲之間，從種植園逃跑的奴隸或是泛指他們這整個群體。據說在一七三〇年代，牙買加東部出現「迎風瑪隆（Windward）」，西部則出現「背風瑪隆（lee-ward）」等約十個村落，有超過一千名黑人在該處過著自給自足的生活。

圖 3-12　蟄伏等待的摩爾人（1801 年時期的版畫，現收藏於大英圖書館），描繪的對象是第二次摩爾戰爭中的特里勞尼・摩爾（Trelawney）

一七三〇～一七三九年，瑪隆與殖民地政府之間發生第一次瑪隆戰爭。那是一場游擊戰，詳細經過在此省略。原本戰爭終結時應締結和平協議、承認瑪隆的自治權並給予土地，取而代之的協議卻是與殖民地政府共同防禦來自島外的侵略及奴隸叛亂，如果有逃亡的奴隸逃入瑪隆，還必須立即返還。

之後，一七九五年發生第二次瑪隆戰爭。起火點是兩名瑪隆人因為竊盜罪被公開鞭打、處刑，約有七百人勢力的西部特里勞尼・瑪隆決定反抗。瑪隆人展開游擊戰，但是殖民地軍隊卻放入來自古巴的戰爭用猛犬企圖鎮壓叛亂。約有六百名瑪隆人投降，其中超過五百名瑪隆人被流放至新斯科舍。這些黑人們無法抵禦新斯科舍的寒冬，因而主動提出申請欲前往獅子山。就這樣，這些瑪隆人於一七九九年被送至了獅子山。

成立非洲協會與來自外交、軍事的壓力

一八〇七年，英國廢止奴隸貿易後，廢奴運動人士的下一個課題是，如何在非洲人之間散布一些有用的知識、引進農業以及各種產業，在奴隸貿易消失後，藉此推動合法貿易。此外，也逼迫一些仍持續進行奴隸貿易的國家廢止奴隸貿易。丹麥於一八〇三年廢止奴隸貿易，美國也於一八〇七年廢止。在拉丁美洲方面，委內瑞拉以及智利於一八一一年廢止奴隸貿易，隔年阿根廷也跟進，瑞典則是在一八一三年廢止。

然而，這些地區以及國家本身就不是以奴隸貿易為主，所以不會太過抗拒廢止一事。其他地方像是葡萄牙（巴西）、法國、荷蘭、西班牙卻在英國廢止之後展開更活絡的奴隸貿易活動。

非洲協會於一八〇七年四月十四日集結而成，該組織的目的是要促使與非洲之間的合法貿易以及廢止其他國家的奴隸貿易。主要成員為獅子山公司的董事。除了沙普、威伯福斯、

克拉克森外，還有桑頓、查爾斯・格蘭特等人。由扎哈里・麥考雷擔任事務局長，由王子格洛斯特公爵（Duke of Gloucester）擔任名譽總裁。再加上一些下議院議員，使得該組織與政府的關係變得相當緊密。

因著英國迫使各國廢止奴隸貿易的外交政策，荷蘭率先於一八一四年同意廢止。法國於隔年的一八一五年接著同意，葡萄牙也跟著廢止赤道以北的奴隸貿易。一八一七年，西班牙廢止赤道以北的奴隸貿易，一八二〇年後，赤道以南也變得不合法。此外，一八二二年自葡萄牙獨立的巴西至一八三〇年才廢止奴隸貿易。這些都是靠英國與其他國家之間的雙邊協定才得以實現。

然而，透過官方協定廢止奴隸貿易，也意味著無法立即實質上廢止。巴西與古巴於十九世紀大量輸入奴隸，波多黎各的輸入人數則略少於前者。巴西部分說明如後。一八三〇年代開始迎向「咖啡的時代」，古巴基於本身擁有新技術而開闢大規模的甘蔗種植園，進入顛峰時期，因此非法奴隸貿易也相當活躍。

在取締這些非法奴隸貿易上，最具實質效果的是英國海軍。他們以非洲沿岸為據點監控非法奴隸貿易，尋找、逮捕奴隸船與可疑船隻，並將其遣送至獅子山的自由城。在該處接受英國及該國法官共同法庭審理，一旦判定為奴隸船，船上所有載運的奴隸都會被解放。

表10為一八三四年曾在自由城共同法庭內接受審理的十艘奴隸船相關資訊整理。首先，

表 10　曾在自由城共同法庭內接受判決的奴隸船（1834 年）

船舶名稱	共同法庭對象	逮捕日期	逮捕地點	在自由城滯留的天數	逮捕的奴隸數量	受到判決的奴隸數量	備註
泛岡多瑞絲（Vengadores）	西班牙	1 月 8 日	卡拉巴爾海灣	36	405	376	377 人登陸，其中 1 人在判決前死亡
卡蘿利納（Karolina）	西班牙	2 月 16 日	拉哥斯海灣	25	350	323	
帕提卡（La Pantika）	西班牙	4 月 27 日	卡拉巴爾海灣	29	317	269	274 人登陸，其中 5 人在判決前死亡
瑪麗亞・伊莎貝爾（Maria Isabel）	西班牙	8 月 5 日		26	146	130	134 人登陸，其中 4 人在判決前死亡
阿羅甘・瑪雅莎娜（Arraute Matafesana）	西班牙	9 月 17 日	蒙羅維亞南方約 900km	3	336	288	309 人登陸，其中 21人在判決前死亡
貝比塔（Pepita）	西班牙	6 月 30 日	薩納加河	36	179	153	
伊塔卡朵拉（Intergadora）	西班牙	10 月 31 日	阿克拉南方約 650km	13	375	361	
克萊門特（L. Clemente）	西班牙	11 月 3 日	拉哥斯南方約 600km	16	415	401	403 人登陸，其中 2 人在判決前死亡
瑪麗亞・德・格洛麗亞（Maria da Glória）	葡萄牙	1833 年 11 月 25 日	里約熱內盧海灣	97	423		（註解）
塔梅加（Tamega）	葡萄牙	6 月 14 日	拉哥斯海灣	20	442	434	436 人登陸，其中 2 人在判決前死亡

出處：“Returns of Vessels brought before the Courts of Mixed Commission 1830-1834”, British Parliamentary Pa: Slave Trade, Vol. 89, pp. 9-21.

註解：423 人當中，有 10 人在里約被捕，有 78 人在前往獅子山的航行途中死亡，有 26 人在判決前死亡，剩餘 309 人則隨著該船舶被交付給船長。

船長將其中 64 名病患交給英國政府，帶走剩餘的 245 人。這是一個非法貿易遭到逮捕後又歸還的案例。

共同法庭僅限於英國與西班牙，或是英國與葡萄牙。據說這是因為當時的奴隸輸出地點皆大多集中在西屬古巴與巴西。巴西雖然已經自葡萄牙獨立，但是許多前往巴西的奴隸船還是會懸掛葡萄牙國旗，因而必須接受英國與葡萄牙共同法庭的審理。此外，緝捕地點雖然集中在西非海灣，偶爾也會在巴西沿岸以及加勒比海沿岸。

一八一八～一八四五年間受到審理的奴隸船總計六百二十三艘，其中有五百二十八艘被帶至自由城（約八十五％）。除此之外，還有五十艘（約八％）送至夏灣拿、四十四艘（約

圖 3-13　英國海軍緝捕奴隸船

（上圖）響尾蛇號（Rattler）正在緝捕巴西奴隸船安東尼奧號（Andorinha）（《倫敦新聞畫報》，1849 年 12 月 29 日）。該奴隸船與被稱作「雙桅縱帆船」的阿米斯特德號（Amistad）為同一船型，於美國製造。

（下圖）被珍珠號（Pearl）追捕到的葡萄牙奴隸船勤勉號（Diligenté）（1838 年，現收藏於史密森尼國立非洲與美洲歷史文化博物館）。由珍珠號士官長霍克（H. S. Hook）所繪製，可以看到甲板上有許多奴隸。

七%）送至里約熱內盧等。

獅子山就此成為各種族黑人的落腳地。一八〇八年，獅子山已經成為英國直轄殖民地。被解放於獅子山的非洲人，至一八一四年為止約有六千五百人，其中約有三千五百人定居在獅子山，約兩千人加入英國海軍，剩餘的歸鄉、死亡，或是也有人再度成為奴隸貿易的肥羊。截至一八一四年，這些被解放的非洲人口已占整體殖民地人口的五分之三以上。在英黑人、來自新斯科舍的黑人、來自牙買加瑪隆的黑人們算是少數派。

七　奴隸貿易的終章

巴西的咖啡種植園

如前所述，十九世紀初開始，各國即宣告廢止奴隸貿易，但是奴隸貿易並沒有立即消失在世上，該世紀主要有使用奴隸的國家是巴西與古巴。英國海軍雖然在西非沿岸等處監督守護，但緝捕到的奴隸船不過是冰山一角。一八一一～一八六七年上岸的奴隸數量達兩百六十四萬人，其中巴西就占了一百七十萬人。

回顧巴西的歷史，從十六世紀後半到十七世紀，東北部的巴伊亞以及伯南布哥以生產砂糖為主。十八世紀，東南部的北米納斯吉拉斯因生產黃金而展露頭角。接著，十九世紀，東南部的里約熱內盧以及聖保羅成為咖啡的主要生產地。不論哪一種產業，奴隸勞動都是必須條件。

十八世紀，巴西各地雖都有生產咖啡，但是主要銷售對象還是當地市場。進入十九世紀後才開始以世界市場為導向，這部分受到海地革命影響很大。因為革命，使海地的咖啡生產量銳減。另一方面，同時期的美國及歐洲對咖啡需求量也急遽增加。一八三一年，巴西的咖啡輸出為全世界總輸出額第一名，超過海地最高生產量時期（一七九一年）。一八五〇年代，巴西的咖啡生產量已經超過全世界生產量的五成。

英國的奴隸貿易鎮壓政策

一八二二年，巴西自葡萄牙獨立後，英國持續在外交上對巴西施壓。一八二六年，兩國締結貿易條約，決定在兩國協議的三年後，全面禁止巴西的奴隸貿易。因此，一八三〇年，巴西的奴隸貿易即全面非法。

然而，如前所述，巴西正值急速擴大咖啡生產的時期，奴隸的需求量直線上升。再加上一八三一年佩德羅一世退位，成立自由主義政府，因此一八三〇年代前半期，巴西的奴隸輸入量銳減。

不過，到了一八三〇年代後半，以大地主作為政治基盤的保守派抬頭，一舉推翻英巴兩國締結的條約，檯面下的黑市貿易橫行。事實上，巴西的奴隸價格在該時期漲到三倍以上。另一方面，受到各國廢止奴隸貿易影響，非洲沿岸的奴隸購買價格下滑，為了謀取差額利潤，願意鋌而走險、參與奴隸貿易的商人反而增加。其中一人叫做貝爾納迪諾・德薩（Bernardino de Sa）。

他出身於葡萄牙，在里約熱內盧經營小商店，但是仍參與奴隸貿易。一八三〇年代中葉，他擁有自己的奴隸船，在赤道以南的非洲沿岸開設貿易據點，利用英國製的棉織物交換、獲得奴隸。為了躲避英國海軍追捕，他船上懸掛的是葡萄牙國旗。他因奴隸貿易迅速致富，成為里約的資本家，並且在政治上也是極具影響力、響叮噹的知名人物。再者，他被葡萄牙瑪麗亞二世女王授予男爵稱號，名副其實地進入巴西名人圈。

為了逃避追捕而懸掛其他國家國旗的案例還有很多。最常見的是美國的星條旗。特別是在一八三九年，英國議會通過授予英國海軍可緝捕葡萄牙奴隸船權限的《巴麥尊法案》後，由美國巴爾的摩市（Baltimore）所建造的奴隸船始輸往巴西，那些船上都懸掛著星條旗。該艘奴隸船是一款「彷彿可以乘風飛行」的飛剪式帆船。

另一方面，英國海軍的西非艦隊於一八四〇年代使用超過三十六艘船舶、搭載超過四千名海軍士兵，但是他們的船又舊又小，想要緝捕這些船速較快的新型奴隸船實在極為困難。即便如此，根據推算，英國海軍於一八〇八～一八六七年總共在大西洋上阻止超過一千六百艘奴隸船，這些船上裝載了約十六萬名奴隸。

一八四〇年代後期，巴西的奴隸輸入迎向最終章。一八四五年，英國議會通過《亞伯丁法案》（*Aberdeen*），再度確認英國海軍可以隨時隨地逮捕巴西的奴隸船。海軍可以進入巴西領海範圍內，逮捕非法的奴隸船。就此，巴西政府也於一八五〇年制定《凱列斯法案》

（*Chires*），將奴隸貿易活動定義為海盜行為，並且強制關閉里約以外的其他奴隸貿易港貨物裝卸點及辦公室。持續約三百年的巴西奴隸貿易終於畫上休止符。

愛米斯塔特號號事件

接下來的舞台是古巴與美國。十九世紀奴隸輸入數量僅次於巴西的即是西屬古巴，因為十八世紀後，古巴的砂糖產業急速擴張。

一七九二年，古巴有四百七十三家製糖工廠，砂糖生產量為一萬四千六百噸。一八〇二年，工廠數為八百七十家，生產量為四萬零八百噸。一八五九年，工廠數為兩千家，生產量激增至五十三萬六千噸。

單看砂糖生產量，與一七九二年比較起來，一八五九年實值增加三十六・七倍。一八五九年，古巴的砂糖生產量為全世界第一名，約占三成。奴隸人口從一七九二年的六萬四千六百人，到一八五八年達到三十六萬四千三百人，增加五倍以上。

海地革命對於砂糖產量的急遽擴張帶來了極大的影響，這部分與巴西咖啡的情形相同。十八世紀後半，世界最大砂糖生產地——海地發生大規模奴隸叛亂，砂糖產業因而崩盤，古巴遂取而代之。海地的資本與技術可以說是通盤移轉至古巴。

因此，能夠撐得起如此急遽成長的產量就屬奴隸貿易了。第一章中已談論過關於奴隸輸入的部分，西屬美洲從一開始就因有奴隸貿易專營權（阿西恩托）而仰賴外國的奴隸貿易活動。然而，奴隸貿易專營權於一七六二年後廢止，奴隸貿易進入自由化時代，西班牙最後仍參與了奴隸貿易。然而，英國於十九世紀初廢止奴隸貿易，為了阻止其他國家的奴隸貿易，故在外交與軍事方面強力施壓，也因此介入西班牙奴隸貿易活動

在這樣的歷史背景下，發生了「愛米斯塔特號事件（La Amistad）」。該事件後來因一九九七年史蒂芬・史匹伯所執導的電影《勇者無懼》（*Amistad*）公開上映而聲名大噪。電影與史實雖然有部分出入，然而因為是真人真事改編，該事件也因此受到矚目。

主角是一名叫做辛克（Joseph Cinqué）的青年（圖3-14）。他出生於獅子山，屬曼德族（Mɛnde），有妻子與三名孩子。一八三九年二十五歲時遭到誘拐，被裝上葡萄牙的泰科拉號（Tecora），並在英國海軍眼皮子底下悄悄地於同年六月抵達古巴西北部附近的夏灣拿港。沒多久後，辛克就與其他四十八

圖 3-14　辛克（1839 年時期的版畫，現收藏於美國議會圖書館）

名男性、三名少女、一名少年一起被西班牙奴隸商人荷西・路易斯以及佩德羅・蒙帝斯買走。預計要將這五十三名奴隸帶到東部的太子港（Puerto Principe）。

他們搭乘的船舶為愛米斯塔特號，相當諷刺的是，La Amistad 在西班牙語中有「友誼」的意思。這艘船上有船長及兩名船員、水手、廚師及其兩名奴隸，共計七人。當然，路易斯與蒙帝斯也在船上。一八三九年六月二十八日，他們朝太子港出發。

據說船上的奴隸們白天沒有被拴著，可以自由行動。一般來說，應該三天左右就可以抵達目的地，但是因為沒風，船舶幾乎沒有前進。以辛克為首的叛亂計畫便悄悄地進行。事實上，當時的四十九名男性幾乎都來自曼德族。

六月三十日晚間，奴隸們一如往常被腳鐐拴著。辛克用準備好的釘子打開自己的腳鐐，同時也解開其他奴隸們的腳鐐。奴隸們在船內摸索、尋找武器，然後發現了收割甘蔗用的鐮刀。隔天清晨四點左右，叛亂開始。船長與廚師被殺害，兩名船員在叛亂發生後立即搭乘小船逃離現場，路易斯以及蒙帝斯只得乖乖降伏。

辛克他們掌控愛米斯塔特號的指揮權，意圖航向故鄉非洲。然而，奴隸們不諳航海術，只得命令路易斯以及蒙帝斯開往非洲。然而，這兩名西班牙人在白天將船朝向非洲，到晚上卻又將指針朝向西北方，打算開往美國沿岸。

辛克他們雖然有所懷疑，但是這時水與食物開始見底，他們於是懇求途中遇到的他船船長，支付他們黃金以換取水與食物。即便如此，航行中仍有十名夥伴死亡。這時，愛米斯塔特號已在美國東海岸被目擊多次，還登上新聞。結果，遭到由傑德內（Gedney）上尉率領的美國海軍——華盛頓號追捕，於八月下旬抵達康乃狄克州的新倫敦港。愛米斯塔特號就在美國海軍監控下被留置。

在美國的判決

康乃狄克州的地方法院開始審理這起事件。負責的法官賈德森（Judson）為了了解愛米斯塔特號上究竟發生何事而開始審問相關人員。由於西班牙人的證詞聽起來毫無可疑之處，因此法官依路易斯以及蒙帝斯的證詞將辛克等人依殺人及海盜等罪名提出告訴。

另一方面，雖然有包德溫（Roger Sherman Baldwin）等人擔任辛克等被告人的辯護律師，但問題是，沒有人可以翻譯曼德語。沒多久後找到柯維（Covey）這名曼德族人。他也曾在孩提時期被當作奴隸、搭乘過奴隸船，但是該艘奴隸船遭到英國海軍緝捕，因而被解放至獅子山。他在當地的基督教會學校學習英語，之後成為英國船舶的船員。因此，他可以聽得懂辛克等人所遭遇到的狀況。

在差不多時間點，對愛米斯塔特號事件相當關心的美國廢奴運動人士們成立了一個支援非洲人民的組織。德懷特・珍妮（Dwight Jane）曾旁聽該事件的審理過程，她召集了一些夥伴，於九月七日成立愛米斯塔特號委員會。參加的成員有紐約奴隸解放新聞《解放者》（*Emancipator*）總編輯——喬舒亞・萊維特（JoshuaLewitt）、黑人教會牧師——西門・喬塞林（Simeon Jocelyn）、富裕的企業家——路易斯・塔潘（Lewis Tappan）等人。該組織運籌帷幄，找到柯維、募集資金，並尋找有力的律師。期望藉由將該訴訟結果導向勝利，順帶推動美國的奴隸解放運動。

判決的爭議點錯綜複雜。控訴方向判決辛克等人有殺人及海盜行為的法官要求再加上刑事罪狀，同時也提出船隻、裝載貨品、奴隸們的所有權等相關請求。該判決涉及到美國與西班牙的奴隸貿易相關政策，以及英國奴隸貿易鎮壓政策。

賈德森法官在隔年，也就是一八四〇年一月做出以下判決：倘若販售了愛米斯塔特號及其船上裝載的貨物，美國海軍傑德內上尉可分得三分之一，但並不包含船上的非洲人。辛克等人因違反西班牙法律將會被遣送至古巴，因為他們不是任何人的所有物，他們是人。他們是為了重獲自由而叛亂，應當讓他們返回非洲。該判決一出，非洲人們、辯護律師團、廢奴運動人士們歡聲雷動。

然而，那份喜悅在幾天後即消失殆盡。當時的美國總統范布倫（Martin Van Buren）考量到美國與西班牙的外交關係，下令必須進行上訴程序。舞台遂移往聯邦最高法院。

此時約翰・昆西・亞當斯（John Quincy Adams，圖3-15）加入辯護律師團。他擁有豐富的政治經驗，同時也是一八二五年就任美國第六任總統的大人物。最高法院的審理於一八四一年二月開庭，包德溫用相當長的時間描述辛克等人所遭遇的災難，強調他們既然沒有觸犯美國法律，政府就不應該將他們遣送至古巴。接著，換亞當斯進行漫長的演說。最重要的是，輿論譴責范布倫總統干涉判決，認為此舉動搖司法制度的根本。

同年三月九日，最高法院判決非洲人是自由的。人類有捍衛自由的權利，會出現驚人的舉動也是無可厚非，不應就此受到懲罰。

原本認為這樣的新聞傳到當時的非洲人耳裡，他們應該會很興奮才對，沒想到他們卻是半信半疑。另一方面，愛米斯塔特號委員會則相當滿意此結果。委員會依據該判決撰寫書籍以及宣傳手冊，想要大肆宣傳此事。以《解放者》為馬首是瞻的奴隸解放相關報社也表示該項判決獲得重大勝利，可望藉此推動奴隸解放運動。委員會募集資金，想要準備一艘能夠將辛克等三十五人送回非洲的船舶。一八

圖 3-15　約翰・昆西・亞當斯（1850 年時期，現收藏於美國大都會藝術博物館）

四一年十一月，船隻啟航，隔年一月抵達獅子山港口。

古巴的奴隸貿易於一八六六年廢止。由於奴隸們用自身性命去抵抗，加上廢奴運動人士們的努力，以及各國在各種政治、經濟與外交方面的企圖與考量，歷經長達四百年的歲月後，大西洋奴隸貿易終於宣告終結。宣告終結後，奴隸制度廢止動作也加速進行，這也是本書最後，即下一章節中欲探討的課題。

第四章
漫漫長路——從廢止奴隸制度到現代

「東印度產砂糖 非奴隸生產」。1820 年代反奴隸制度運動正如火如荼進行，這是布里斯托製的玻璃製砂糖碗（Sugar Bowl），相同產品也有製作成瓷器。

一　邁向廢止奴隸制度

成立反奴隸制度協會

一八〇七年廢止奴隸貿易後，英國廢奴運動人士最重要的課題就是要落實廢止奴隸制度。然而，他們也預期會出現一些狀況，例如期待自然且漸進式實現廢止奴隸制度會有一些窒礙難行之處。也就是說，因為廢止奴隸貿易，將沒有新的奴隸可以進入殖民地。為了得以持續經營種植園，就只能夠靠現有的勞動力。因此必須改善奴隸的勞動與生活條件。在不斷要求改善奴隸待遇的情況下，種植園主們最終應該就會放棄奴隸制度。

他們假設了上述的情境，因此在奴隸貿易廢止後的一段時間內，他們小心看顧著殖民地內的奴隸處境，確認是否有所改善。身為克拉判派的一員、與威伯福斯妹妹結婚的詹姆斯・史蒂芬斯主張，必須於各殖民地導入奴隸登錄制度，以便監控英屬西印度群島殖民地的奴隸人口。有些人表示反對該制度，認為母國不應介入殖民地內政，然而最終還是接受了該登錄制度。母國議會於一八一七年正式通過「奴隸登錄法案」，並於一八二〇年一月一日實行。

該法案有兩個目的。第一，調查各殖民地的奴隸人口，明確記載每一名奴隸的年齡、性別、姓名、職業能力等，以便監控是否有進行非法的奴隸輸入。第二，計算奴隸的出生率與死亡率，協助政府正確評估種植園方面是否有改善奴隸待遇，以及是否需要促進出生率。史蒂芬斯期待藉由登錄制度，牽制種植園主必須得去改善奴隸們的狀況，而且每三年就要進行一次登錄。

至一八二〇年為止，廢止奴隸制度的整體動作緩慢。因為在經濟不景氣的狀態下，大家對於社會改革的關心度也跟著下降。然而，到了一八二一年，又再度掀起廢止奴隸制度的浪潮。這一年，以詹姆斯・克拉珀（James Clapper）為領導人，於利物浦成立反奴隸制度協會。他是一名貴格會教徒，同時也是在東印度產砂糖交易方面扮演主導性角色的商人。

克拉珀深感中央組織在反奴隸制度運動中的必要性。另一方面，威伯福斯、史蒂芬斯、麥考利（Macaulay）等人亦開始思考必須要有一個能夠協助漸進式解放奴隸的新組織。一八二三年一月三十一日，以全國性組織方式於倫敦成立「反奴隸制度協會（Anti-Slavery Society）」〔正式名稱為「改善暨漸進式廢止英屬殖民地之奴隸制度協會（The Society for Mitigating and gradually Abolishing the State of Slavery throughout the British Dominions）」〕

一些致力於推動廢止奴隸貿易的資深成員亦參與了該組織，不過這次改由下世代的年輕人來主導。也有許多曾在第三章中提及的非洲協會成員參加。由格洛斯特公爵擔任名譽會長，二十六名副會長當中有因監獄改革而聲名大噪的斯蒂芬・盧辛頓（Stephen Lushington）、貴格會教徒且為釀造業者的托馬斯・福維爾・布克斯頓爵士（Sir Thomas Fowell Buxton）等十五名下議院議員以及兩名上議院議員。上議院中由薩菲爾德（Suffield）官員擔任具領導性的發言人。和奴隸貿易廢止運動的情形相同，成員同樣大多為克拉判派以及貴格會教徒，然而現在的組織規模已經大到無法與當初的奴隸貿易廢止運動相提並論。

該協會的具體課題相當分歧，包括：禁止禮拜天勞動、推動宗教教育、結婚合法化、承認奴隸本身的財產權、承認法庭內的奴隸證詞、解放女性奴隸所生之子女等。根據文獻報告，一八二四年六月第一次召開的年度大會，從英國各地集結了兩百二十支分部，此外，對於改善奴隸待遇以及漸進式廢止奴隸制度的議會請願高達八百二十五件。

在議會方面，一八二三年五月，布克斯頓於下議院說明協會設立的目的，主張奴隸制度與英國政治體系以及基督教的原則不相容、解放新生兒奴隸、應充分考量相關當事人彼此的利害情形，再漸進式地廢除奴隸制度。該發言多少緩和了種植園主等西印度群島利害關係人們心中的不安。因為在奴隸制度廢止期間，園主們的態度相當曖昧不明，必須要考量到他們才行。

然而，種植園主當中也有一些人直接表示反對廢止奴隸制度，認為他們就是奴隸的主人，反對他們的所有權受到侵害。有些人一直以來即根深蒂固地認為黑人就是「劣等人種」，就是為了建立從屬地位而生的。

蓋亞那的奴隸叛亂

那麼，反奴隸制度協會期待能夠幫助奴隸們將勞動與生活狀態改善到怎樣的程度呢？英屬西印度群島整體的砂糖生產量從一八一五年的十六萬八千噸增加到一八二八年的二十一萬三千噸。然而，島上以及各地區的增減幅度各異，牙買加從八萬噸減少至六萬八千噸，蓋亞那卻從一萬七千噸增加到五萬六千噸，增加了三倍以上。另一方面，整體奴隸人口從一八一五年的七十四萬三千人，到一八二八年微幅減少至六十九萬六千人，實際能夠勞動的奴隸大幅減少。而且因為出生率停滯，奴隸整體年齡結構有朝向高齡化的趨勢。

雖然每個殖民地的狀況各異，但是奴隸的勞動條件在廢止奴隸貿易之後，整體情勢趨於嚴峻。例如一八二五年六月起，反奴隸制度協會開始發行機關報《反奴隸制度月報》，同年十月號中，有一篇提及在蓋亞那種植園工作的奴隸山姆於一八二〇年八月時發生的事情。山姆表示每天的工作量都會增加，工作根本做不完，休假日仍必須不斷趕上工作延遲的進度，因此感到非常辛苦。他的妻子則被監禁在女主人家中工作六天。如前所述，蓋亞那的砂糖生產量大幅增加，但是奴隸人口在同一時期從十萬四千人，微幅減少至九萬四千人。

在這種狀況下，一八二三年八月，蓋亞那德默拉拉河（Demerara River）東岸發生奴隸叛亂。約有兩千名在種植園工作的奴隸，要求管理人及殖民地當局提供更好的勞動與生活條件。該次叛亂是因為同年一月反奴隸制度協會成立後，向母國政府提出改善奴隸狀態方針的新聞傳到了當地，因而鼓舞了眾人。如同海地革命時，法國的奴隸制度廢止報告對杜桑等群起抗爭的黑人們帶來相當大的影響。各種資訊橫跨著大西洋流通往來。

反叛的奴隸們要求除了禮拜天以外，還要追加三天假日讓他們可以整理自己所耕種的菜園。蓋亞那的種植園主會給奴隸們菜園，奴隸必須為了自己的生活消費而栽種蔬菜或是從事畜牧工作，多餘的糧食可以拿到禮拜天的市集販售。因此，種植園方面並不需要分配糧食給奴隸。另一方面，也鼓勵奴隸除了種植園內的工作，還可以為了自己的利益而工作，慢慢讓他們拿回自主性。除了蓋亞那，牙買加也導入這樣的制度。

然而，殖民地當局並不接受奴隸們的要求，最後訴諸武力鎮壓。據說該衝突導致一百～一百五十名奴隸喪命。其中有五十二人被判處死刑，十六人遭鞭打千次。

圖 4-1　蓋亞那的叛亂（出自 Joshua Bryant, *Account of an Insurrection of the Negro Slaves in the Colony of Demerara*, 1924）

蓋亞那的奴隸叛亂之所以在母國受到相當大的關注，是因為一名牧師——約翰・史密斯（John Smith），他從七年前開始就在當地進行傳教活動。史密斯經倫敦傳道會（國教會派系）派遣到當地，期望藉由廣傳基督教福音，讓奴隸們改信基督教。

他說自己的第一項工作就是與貧困的奴隸一起生活。他真誠地執行他的工作，但是卻在與奴隸們接觸的過程中，感受到貧困、過度勞動、虐待等帶來的衝擊。

隨後，史密斯捲入奴隸叛亂。因為他的助理牧師、一名叫卡米納・格萊斯頓（CaminaG-ladstone）的奴隸成為該叛亂活動的領導人。史密斯慫恿奴隸們加入叛亂活動，而後陷入牢獄之災，被判處死刑。國王喬治四世雖然在史密斯的死刑緩刑文件上簽名，但是在文件抵達蓋亞那之前，史密斯就已因熱病而死亡。

史密斯的死登上了報紙，奴隸制度的殘忍也因此公諸於世。他被奉為蓋亞那的殉教者，勾起英國母國人們的關心。

轉變為即時廢止

一八二〇年代中葉，史密斯的死訊傳出後，各殖民地議會阻礙改善奴隸狀態的情形日益明顯，協會開始期望大眾一起參與反奴隸制度運動。與一七八〇年代以及九〇年代的奴隸貿易廢止運動採取相同的模式，他們不斷藉由宣傳手冊或是新聞報導等方式進行反對奴隸制度的宣傳活動。一八二三～一八三一年間，反奴隸制度協會總計發行約兩百八十萬份宣傳手冊。結果，一八二八～一八三〇年間約送了五千份要求漸進式廢止奴隸制度的請願聯署書至議會。

例如一八二四年所發行的《反對奴隸制度》宣傳手冊內容即觸動讀者們的心。內文描述英屬西印度群島中有八十萬名同胞在野蠻且可恥的奴隸制度壓迫下受苦受難，奴隸無法獲取金錢以及足以滋養身心的糧食，只能在監督下每天反覆遭受虐待。

其中最衝擊人心的是內文提出購買西印度群島產砂糖，將會直接導致奴隸們的日常苦難。文中提出疑問，只要該國民眾減少十分之一的砂糖消費，是否就能夠讓這八十萬名被壓迫的人們變得自由呢？這個部分與當初用於廢止奴隸貿易的砂糖拒買運動文宣內容相同。

然而，該段時期的民眾活動有了相當巨大的改變。其一，不僅是要求漸進式廢止奴隸制度，期望即時廢止奴隸制度的運動也變得相當活躍。另一方面，許多女性也參與其中，且不斷有扮演重要角色的女性朋友出現。

在提及即時廢止奴隸制度的宣傳手冊中，最重要的是一八二四年所發行的《非漸進式廢止，我們要即時廢止》（圖4-2）。該文作者是貴格會教徒伊莉莎白・海里克（Elizabeth Heyrick）。

該宣傳手冊首先宣告：「你我都持續支援奴隸制度，你我都有罪。」也就是說，西印度

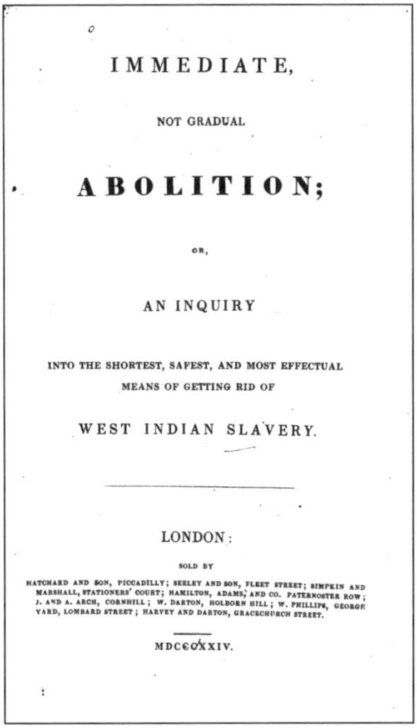

IMMEDIATE,

NOT GRADUAL

ABOLITION;

OR,

AN INQUIRY

INTO THE SHORTEST, SAFEST, AND MOST EFFECTUAL MEANS OF GETTING RID OF

WEST INDIAN SLAVERY.

LONDON:

SOLD BY

HATCHARD AND SON, PICCADILLY; SEELEY AND SON, FLEET STREET; SIMPKIN AND MARSHALL, STATIONERS' COURT; HAMILTON, ADAMS, AND CO. PATERNOSTER ROW; J. AND A. ARCH, CORNHILL; W. DARTON, HOLBORN HILL; W. PHILLIPS, GEORGE YARD, LOMBARD STREET; HARVEY AND DARTON, GRACECHURCH STREET.

MDCCCXXIV.

圖4-2　宣傳手冊《非漸進式廢止，我們要即時廢止》（1824年）

群島種植園主與該國居民既是盜取物品的小偷，亦是受惠者，彼此皆站在相同的道德標準上。透過購買奴隸們生產的物品，只會刺激所有非法的、掠奪的與悲慘的事情發生。訴諸「事實上，每一位英國公民其實都在為奴隸制度聲援，必須極力廢止才行」。

再者，該本宣傳手冊還有一個值得大書特書的主張：英國已經耗費相當長的時間在反對奴隸制度相關請願上。現在正是一個好時機，可以儘快採取其他更有效的方法，而且還有海地的奴隸解放作為範例依據。海地在奴隸解放以及其後續的歷史中，絕佳地完全駁斥即時廢止的構想只是興之所至的說法。當時立即解放了五十萬名以上的海地奴隸，而他們也沒有出現什麼不良行為，或求職被拒的情形。此外，他們也不會因為過去曾遭受不當對待而出現報復或是虐殺的行為。在這樣的情況下，即便即時廢止，也不會有任何危險。

女性的發聲

在呼籲即時廢止奴隸制度的同時，女性朋友們也參與了相關運動。一八二五年四月八日，在伯明罕的國教會福音主義派牧師娘露西・湯森德（Lucy Townsend）家中，反奴隸制度女性協會初試啼聲。該協會的設立與克拉克森有關。克拉克森從一八二三年起到隔年，奔走於英格蘭與威爾斯各地，欲設立反奴隸制度組織。他鼓勵湯森德，並且引薦伯明罕的貴格會教徒薩姆・勞埃德（Samuel Loyld），他的妻子瑪麗安也參與設立該協會。

伯明罕的女性組織以英格蘭中部為核心，在一年內席捲各地女性組織，聯合成為全國性的女性協會。設立後的第一個決議項目是「改善不幸的非洲孩子們，特別是女性黑奴的處境」。此外，第八項宣告「不允許鞭子揮向無力抵抗的女性奴隸，我們的同胞不應被當作動物販賣，所有黑人女性都是自由人，我們的活動將持續到她們能夠將剛出生的嬰兒擁抱在懷中為止。」

截至一八二九年，組織擴展到布里斯托、普利茅斯、曼徹斯特、都柏林等地。該協會選擇設立在尚未設有反奴隸制度協會分部組織（男性組織）的城鎮，因此與其說是反奴隸制度協會分部，更像是一個獨立的組織。

當然，這組織與反奴隸制度協會成立目的有相當多重疊的部分，因此在活動時彼此會互相支援。女性協會的影響力不僅是在威爾斯與英格蘭，也擴及到好望角、獅子山、加爾各答等地。

在英國，以女性為參與主體的還有監獄改革以及愛護動物等改革運動，如同先前提及的砂糖拒買運動，女性參與的情形更加踴躍，廢奴運動根本無法與之比擬。

地區代辦處

反奴隸制度協會內部也有如威伯福斯這種執著於漸進式廢奴的資深廢奴運動人士，但是時代趨勢已經朝向即時廢止。一八二八年，協會決定推動議會外部的宣傳活動。最先響應此事的是前述位於伯明罕的女性組織。伯明罕團體所訂定與實施的計畫是派遣巡迴辯士至各地，以提高地方民眾對於廢止奴隸制度的關心度、活絡地方組織，或是建立新組織。

一八三一年六月，反奴隸制度協會受到伯明罕團體動作的觸動，因而組織地區代辦處，並且派遣巡迴辯士至各地。他們於英國各地召開集會，具體說明殖民地奴隸制度的實際狀態，強力向大眾說明廢止奴隸制度的必然性。

在此列舉幾個案例。一八三一年十月二十四日晚間，英國中部鮑爾多克（Baldock）的一個集會場所內舉行了演講，據說有兩百多人因為會場座無虛席而無法入場。隔天二十五日坎特伯雷（Canterbury）的集會也有三百人參加。該次集會除了巡迴辯士，還有五人上台演說，募集到十六英鎊以上的資金，並以市長為會長，設立了反奴隸制度組織。隔年一月十二日，林肯郡的福金厄姆（Folkingham）居民僅有八百人，但是集會時卻聚集了一百五十人。其中大部分為女性。各地都有被如此熱情所包圍的集會。

從財政上支援地區代辦處的是著名的貴格會教徒以及各地的女性組織。貴格會教徒方面有從奴隸貿易廢止運動時期即參與其中的威治伍德家族以及克羅帕（Cropper）家族等，皆名列於捐助者名單之中。在反奴隸制女性組織方面，則有倫敦、曼徹斯特、普利茅斯、諾丁漢（Nottingham）、達拉謨（Durham）等十三個組織列於捐助名單中。

運作地區代辦處的是一些自由廢奴運動人士。他／她們厭倦那些擁護漸進式廢止者的拖延策略以及伺機而動戰術。此外，如前所述，事實上，英屬西印度群島的奴隸處境別說有所改善了，甚至還趨於惡化。

地區代辦處在將漫長且持續的「漸進式廢止奴隸制度戰術」轉換為「即時解放奴戰術」方面功不可沒。突然讓人們想要即時解放奴隸的關鍵在於意識到奴隸制度是違反基督教義的重大罪狀。人們為了能夠遵循良善、安穩過生活，必須即時清除罪惡。基督教的義務感就此在前述海里克的宣傳手冊中發酵。

牙買加的奴隸叛亂

英國決定廢止奴隸制度還有一個重要原因，就是一八三一年的牙買加奴隸叛亂。

牙買加於一六五五年克倫威爾時期成為英國殖民地，十八世紀時成為英屬西印度群島最大的砂糖殖民地。一八三二年的奴隸人口約為三十一萬八千人。一八一七年為三十四萬四千人，由此可知，奴隸人口有逐漸減少的趨勢。

該群起叛亂事件是以牙買加西部的聖詹姆斯教區為核心，涵蓋的地區範圍廣大，包含漢諾瓦教區、威斯特摩蘭教區、特里洛尼教區、聖伊麗莎白教區，最終約有六萬名奴隸響應（圖4-3）。綜觀整個牙買加，這起事件不論在面積還是在奴隸人口方面都只有兩成左右。最後有五百四十名奴隸、十四名白人死亡。與先前提及的蓋亞那奴隸叛亂比較起來，規模差異相當大。

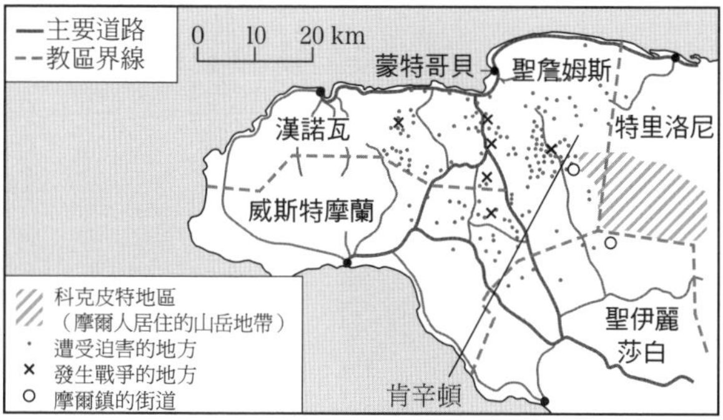

圖 4-3　牙買加的奴隸叛亂（依據 1831-1832 年，Michael Craton, *Testing the Chains*, map 17 製成）

這場奴隸叛亂又稱「耶誕節叛亂」，或稱「浸禮宗戰爭（Baptist）」。因為是在一八三一年耶誕節那天發生，此外，叛亂的奴隸大多受有浸禮宗影響。因此，叛亂遭到鎮壓後，牙買加浸禮宗教會的牧師們即被究責。不過，另一方面，當牧師們回到英國，卻成為能夠生動描述當地狀況的代言人，因而在喚醒世人廢止奴隸制度方面有著重要貢獻。

一八二〇年代，牙買加的砂糖種植園整體呈現衰退情形，特別是西部地區最為顯著。特里洛尼教區於一八二八～一八三三年間有三分之一的農園被賣掉，也停止生產砂糖。聖詹姆斯教區與漢諾瓦教區的情形也是一樣。因為國際砂糖價格下跌，剩餘的種植園為了確保一定利益，反而更加拚命使用土地及奴隸。牙買加的奴隸生活處境別說有所改善，根本是不斷惡化。

圖 4-4 牙買加的種植園風景

（1820-1821 年時期。根據 James Hakewill, *A Pictureque Tour of the Island of Jamaica*, 1825 製成）

不論是對種植園還是對奴隸們來說，一八三一年都是動盪激烈的一年。這一年的七～八月，幾個教區的種植園主召開會議，抱怨母國的反奴隸制度派行動，也向母國政府提出請求，希望他們不要繼續讓步。

另一方面，對奴隸們而言，不論解放奴隸的帝國法案是否已有結論，他們都竭力阻擋牙買加的白人們執行該提案。各種相關謠言滿天飛。例如「黑白混血兒已經獲得自由，黑人也即將獲得自由」「自由已經到訪，只是仍被保留著」「不戰鬥就沒有解放」「帝國陸軍與海軍不應與奴隸戰鬥，應該守護奴隸」等。

領導該起義活動的團隊在一八三一年四月召開祕密聚會。十月前成立幹部組織，並且定期在一座失而復得的農園，也就是奴隸強森（Johnson）家中聚會。最後選出強森、約克農園的木匠坎貝爾（Campbell）、格林威治農園的馬車夫羅伯特・加德納（Robert Gardner）、麗城（Belvedere）農園的托馬斯・道夫（Thomas Dove）四人擔任指揮官。

薩繆爾・夏普（Samuel Sharpe）是統籌他們四人的領導者。他是浸禮宗牧師托馬斯・伯切爾（ThomasBurchell）的助理牧師，因此可以在蒙特哥貝與聖詹姆斯教區之間來去自如。眾人膩稱他為爹地，很受到地區奴隸們信賴，是極具魅力的人物。

耶誕節當天，他們於幹部喬治・蓋斯利（George Guthrie）家中以晚餐形式舉辦最後一次聚會。夏普指示讓奴隸們在耶誕假期過後放棄工作、要求種植園主解放奴隸，並且避免訴諸武力。也就是說，他們將斷然進行和平的罷工。

然而，現實發展完全脫離掌控。有部分奴隸奪取了火器與手槍，並且在種植園主的家中放火。奴隸叛亂的狼煙從蒙特哥貝開始延燒到十英里外的南肯辛頓農園。奴隸們又繼續朝周圍的山林放火，一週內幾乎已經控制住西部地區。

對此，牙買加的白人們組成民兵組織，後知後覺地準備應戰。總督貝爾摩（Earl of Belmore）召集軍評會，要求各教區的民兵組織戒備。一八三二年一月一日，殖民地政府對整個牙買加發布戒嚴令。從母國派遣而來的威洛比・坎頓（Willoughby Cotton）司令官率領八十四連隊於一月一日進入蒙特哥貝，要求奴隸們投降。此外，還將部分軍隊轉向西南部，企圖夾擊奴隸們。

坎頓司令官之後花了兩週的時間趕至西北部的叛亂地區，但是戰爭已經呈游擊戰狀態。如前所述，牙買加是瑪隆人的島，各地都有可藏身之處。即便如此，一月二十四日時，叛亂者們還是被追趕至維珍溪谷，有一百四十六名奴隸投降。叛亂方的指揮官強森、坎貝爾在過程中陣亡，一月二十七日加德納與道夫投降。當時，總司令官夏普也被軍隊俘虜，於是在二月五日解除戒嚴令，宣告此次叛亂的終結。

叛亂所帶來的損害中，以聖詹姆斯教區與漢諾瓦教區最為嚴重。軍事法庭以及民眾法庭召開至一八三二年五月為止，結果有六百二十七人被起訴，其中有三百四十四人被執行死刑。其中大部分為男性，女性有七十五人被起訴，僅有兩人被判死刑。

牙買加的奴隸叛亂新聞立即傳到了英國母國。不在當地的種植園地主們譴責叛亂是因為當地的非國教會派，特別是浸禮宗派的牧師參與叛亂，同時也譴責政府對於反奴隸制度陣營有所讓步。浸禮宗的牧師伯切爾與威廉・克尼布（William Knibb）於一八三二年四月歸國。克尼布前往下議院特別委員會作證，也在各地的集會發表演說。他在演說中強烈表示奴隸制度是萬惡的根源，並且揭露種植園主及其代理人會殘忍虐待奴隸。英國大眾將克尼布等人視為叛亂的犧牲者。

奴隸叛亂指導者夏普於五月二十三日被執行死刑。他在赴死前曾說：「白人並沒有權利把黑人關在奴隸制度裡，與其要我身為奴隸，不如把我吊死在絞刑架上。」他最後這段話讓所有反抗惡行的奴隸們感動不已，還被刻作墓誌銘，世代流傳。

奴隸制度廢止

英國的政治狀況剛好也在該時期出現戲劇性的變化。一八二八年廢止了被視為英國「舊制度」的「審查法」（一六七三年制定），隔年制定《天主教救濟法》（*Roman Catholic Relief Act*）。

如此一來，除了國教徒，其他人也可以擔任公職或是成為議員，此外，愛爾蘭的天主教徒也被賦予和基督新教徒同等的市民權。

一八三〇年大選後，睽違近半世紀後終於出現一個熱心於議會改革的輝格黨政權。在該政權領導下，一八三二年六月提出《選舉法修正案》，藉由這股贊成廢止奴隸制度的勢力，賦予具有優勢的中產階級選舉權。

同年九月，在修正選舉法後舉行了第一次選舉。選舉人數從先前的四十萬～五十萬人，變成六十萬～八十萬人，增加約一・五倍。當時約有七分之一的成年男性擁有選舉權。反奴隸制度協會的選舉宣傳活動是呼籲民眾投票給支持即時廢止奴隸制度的候選人。結果，有一百零四位支持即時廢止的候選人當選為下議院議員。因此，通過奴隸制度廢止法成為議會中最優先的課題。

廢奴運動人士們也因此更受到人們支持。各地所召開的集會湧入數千名民眾參加。反奴隸制度女性協會於格拉斯哥所舉辦的集會，竟然有一千八百名女性參加。一八三三年初已向議會提出五千件以上即時廢止奴隸制度的請願聯署書，並有超過一百五十萬人署名。

同年四月，反奴隸制度協會於倫敦埃克塞特大廳（Exeter Hall）召開大會，讓運動達到最高潮。大會堅定表示，目前廢止奴隸制度是必要且不可或缺的，並且將該決議送至首相及殖民地官員手上。之後，循道宗派（Methodism）收集了一千九百件請願聯署書，其他非國教會系的宗派也收集了八百件的署名。

政府感受到該股趨勢，遂於一八三三年五月開始進行「制定奴隸制度廢止法」相關討論。

廢止的方向性雖然很清楚，但是也必須考量到種植園主的利害權益。自由派廢奴運動人士要求立刻完全解放奴隸，但是要求維持種植園勞動力的種植園主們則主張「契約勞工制」。這是英國原本就有的制度，倘若以此制度為標準，在契約期間內必須在原奴隸主身邊工作一定的時間。也就是說，奴隸被解放後即成為契約勞工，每週必須在原種植園主身邊工作四十五個小時。若超出該工作時數，即可獲得薪資，待契約結束後即可恢復自由身。

另一個較大的爭議點是，該如何補償種植園主因廢止奴隸制度而造成的損失呢？部分意見表示，奴隸既然是「動產」，所有權喪失時即應依奴隸價值予以補償。這個部分遭到自由派全面反對。然而，考量種植園主的利害權益，政府還是支付了兩千萬英鎊的補償金。

於是，奴隸制度廢止法於一八三三年七月三十一日成立。光是在英屬西印度群島就解放了約六十六萬七千名奴隸。然而，據說當時完全沒有慶祝解放的相關活動。

朝廢止契約勞工制度邁進

與其說是擔心奴隸在獲得解放、恢復自由身後會無法自立生活，因而導入契約勞工制度，倒不如說是種植園主必須得維持原有的奴隸勞動力才能繼續經營種植園。成為契約勞工的他／她們對於不論是否被解放，仍需在原奴隸主人身邊繼續工作這件事心生不滿。因為他們期待奴隸制度廢止後，可以全心全意為自己與家人工作。

另一方面，種植園主們期望可以與奴隸制度時期一樣，無限制地勞役這些契約勞工，他們無法忍受每週工作超過四十五小時就必須支付勞工們薪資費用。契約勞工與種植園主的期待有著相當大的落差。

然而，從結果來看，種植園主掌握著壓倒性的支配力。契約勞工與種植園主之間也在各個殖民地區發生大大小小、各式各樣的紛爭，母國派遣了一些有給職法官前往居中調停，但是他們的判決幾乎都有利於種植園主。

依法實行契約勞工制度時，有給職法官居中扮演相當重要的角色，每個月必須處理五百～六百件訴訟，相當辛苦。許多有給職法官在繁重的工作中會感受到強烈的孤立感，因此必然會依附到種植園主或是其代理人旗下。當然，也有些法官會站在契約勞工的立場，但畢竟還是少數派，他們經常會遭到各種汙辱或是攻擊。

一言以蔽之，契約勞工制度的實際狀況就是「偽裝的奴隸制度」。雖然有期間上的限制，但是實際勞動狀況與奴隸制度並沒有不同。依據派遣至牙買加的有給職法官所述，契約勞工的處境或許比奴隸制度時期還要惡劣三倍。此外，奴隸制度廢止後再次回到牙買加的浸禮宗牧師克尼布發現，契約勞工仍然被毫不留情地鞭打、年幼的孩童也被迫到種植園工作，遂將報告送回母國。

圖 4-5　於埃克塞特大廳召開的反奴隸制度大會（1841 年時期的版畫，現收藏於美國議會圖書館）。該處經常召開反對奴隸制度相關集會，後成為廢奴運動的象徵

於是，幾個組織合作承繼了反奴隸制度協會，一八三五年五月於埃克塞特大廳召開反對契約勞工制度的全國大會。同年十月，於伯明罕召開廢止契約勞工制度聚會。主導該聚會的是貴格會教徒商人約瑟夫・斯特奇（Joseph Sturge）。該場聚會也有很多女性參加。

斯特格等人反對契約勞工制度，為了調查英屬西印度群島當地的真實狀況，遂於一八三六年十月前往當地。他們兵分兩路，繞行了巴貝多、安地瓜、蓋亞那、蒙哲臘、多明尼加、牙買加等地。斯特奇、托馬斯・哈維（Thomas Harvey）回國後整理出《一八三七年的西印度群島》（*The West Indies in 1837*，一八三八年）。該書詳細記載契約勞工受虐的狀況，以及大部分有給職法官站在種植園主那邊、反抗的契約勞工被宣判有罪、被收治於監獄等情形。

一八三七年十一月初，反契約勞工制度運動開始蓬勃發展。埃克塞特大廳再次召開大型集會，讓世人更加了解英屬西印度群島契約勞工實際的處境，決議要批判契約勞工制度。此外，亦組織一個新的「黑人解放中央委員會」，在英國各地召開集會後，隔年三月十四日再於埃克塞特大廳召開約有五百人參與的大型集會。政府官員布婁根（Brougham）擔任議長，他表示：「必須著重於黑人的利益，單純賦予黑人們相關利益！」各地發起廢止契約勞工制度的請願聯署，截至三月底為止約達兩百五十件。

一八三八年五月二十二日，約翰・威爾默特（John Wilmot）向下議院提案：「包含戶外勞動者在內，應於一八三八年八月一日時結束契約勞工制度。」該項討論快速開始進行並且獲得採納。最終是由各殖民地議會決議廢止契約勞動制度。雖然在千里達及托巴哥、蓋亞那、牙買加方面出現強烈的抗議聲浪，但是以蒙哲臘議會為首的各殖民地仍陸續通過該決議。最後，契約勞工制度於一八三八年八月一日廢止。

南北美洲的奴隸制度廢止

經由英國國內廢奴運動人士們努力，以及奴隸們本身艱苦的奮鬥，奴隸制度終於在十九世紀廢止。本章節尾聲，讓我們從整體大西洋史概括性地綜觀這個動向。

法屬西印度群島的奴隸貿易持續到一八三〇年代初期都是非法的。英國海軍於一八一七～

一八三一年緝捕了一百零八艘法國奴隸船。隨後，法屬西印度群島的奴隸貿易確實在英國海軍壓力下消失。法屬西印度群島仍殘存奴隸制種植園的主要是瓜地洛普以及馬丁尼克。一八四八年時，前者的奴隸人口為八萬八千人、後者為七萬六千五百人。自由人人口在一八三八年時，前者為三萬五千人、後者超過四萬人。

在法屬領地中，海地已如前所述於一八〇四年獨立，並廢止奴隸制度。法國的廢奴運動人士在一八二九年發行訴諸「漸進式廢止奴隸制度」的宣傳手冊，之後在一八三四年正式成立奴隸制度廢止協會。這些很明顯都是受到英國推動廢止奴隸制度的影響。該協會受到基佐（Guizot）等政治家的支持，但是卻沒有向廣大民眾宣傳。著有《民主在美國》（*Democracy in America*）的托克維爾（Tocqueville）也是該協會的支持者，他提出應與英國同樣發出一億五千萬法郎的補償金，於六年契約屆滿後解放奴隸。然而，政府並不願意買單。

一八四〇年左右，維克多・雨果（Victor Marie Hugo）、路易・布朗（Louis Blanc）、拉馬丁（Lamartine）等人皆成為廢止協會會員，並於後續參與即時廢止奴隸制度之議會請願運動。同一時期，要求廢除限制選舉權的選舉法改革運動也如火如荼地進行著。然而，國王路易・菲利普拒絕面對現實，引發了眾怒，於一八四八年二月爆發革命而退位、逃亡至倫敦。法國建立臨時共和政府（二月革命）。

在革命政權下，法國於四月二十七日通過廢止奴隸制度法令，並於五月二日公告周知。

馬丁尼克種植園的奴隸們於四月底時湧入聖皮埃爾區（Saint Pierre）等街道。殖民地政府想要鎮壓該運動，結果在五月二十二日爆發幾起衝突事件。該衝突的新聞傳到瓜地洛普，殖民地政府為了避免衝突，遂於五月二十七日宣布無條件廢止奴隸制度。

馬丁尼克的叛亂新聞影響了整個加勒比海。西屬古巴總督想要防堵該新聞，但是，荷屬安地列斯群島的荷屬聖馬丁、聖佑達修斯等地的總督根本無力防堵消息傳入。於是，各島奴隸們吹螺擊鼓、樂見叛亂運動。丹麥領地聖克魯斯島約有兩萬五千名奴隸響應該運動。丹麥自一八〇二年即廢止奴隸貿易，但是至一八四八年九月才廢止奴隸制度。

加勒比海各地的奴隸制度至一八四八年幾乎全數瓦解，僅剩西屬古巴以及波多黎各。波多黎各的奴隸制度至一八七三年才廢止。

南美洲的西屬美洲各地從一八一〇年代至一八二〇年代雖然已經達成獨立目標，但仍殘存著奴隸制度。哥倫比亞的奴隸制度在一八五一年才完全廢止。之後兩、三年間，阿根廷、委內瑞拉、秘魯、厄瓜多、玻利維亞也陸續廢止奴隸制度。這樣一來，在一八六〇年時，包含加勒比海諸島在內的南北美洲，僅剩美國、古巴、巴西，以及荷屬圭亞那（現為蘇利南）仍有奴隸制度。在此可以特別注意的部分是，美國的奴隸制度廢止時程在整體大西洋中顯得相當緩慢。

北美殖民地時代以來，維吉尼亞州的菸草種植園、南卡羅萊納州以及喬治亞省的稻米、蓼藍種植園皆使用大批奴隸，此外，也有部分奴隸遠及北部地區。美國獨立後，根據一七八七年《西北條例》（*Northwest Ordinace*）的規定，北部各州廢止奴隸制度，南部的奴隸制度也有衰頹傾向。

然而，這時出現了新的生活必需品——棉花。一七九三年，惠特尼發明了機械軋棉機，南卡羅萊納州、喬治亞省、密西西比州等深南部地區的棉花種植園急速擴大。

為了滿足新興棉花產業對奴隸的需求，約有七十萬名奴隸從維吉尼亞州等地移居至棉花種植園。此外，在奴隸價格高漲的背景下，一種專門生育奴隸再賣至種棉地區的「奴隸牧場」生意也隨之興起。生產出來的棉花大部分會輸出至英國，支持棉紡織業發展成為工業革命的原動力。

南北戰爭（一八六一～一八六五年）前的美國奴隸人口預估約有四百萬人。廢奴運動人士在美國也相當活躍，特別是在一八三〇年代以後，奈特・杜納（Nat Turner）在維吉尼亞州率領奴隸反叛（一八三一年）、威廉・洛伊・蓋瑞森（William Lloyd Garrison）要求即時廢止奴隸制度並設立美國反奴隸制度協會（一八三三年）、逃亡的奴隸——弗雷德里克・道格拉斯（Frederic Douglas）等人以廢奴運動人士自居，反奴隸制度相關運動如火如荼地進行著。

然而，「解放奴隸」不一定是當初南北戰爭的爭議點，重點是要維持合眾國的聯邦體制。林肯總統在戰爭時期的一八六二年八月曾表示：「我的首要任務是維護聯邦，保存或是廢止

圖 4-6　維吉尼亞州亞歷山大港的奴隸公司（1861～1865 年，現收藏於美國議會圖書館）。南北戰爭時期曾被北軍接收

奴隸制度並非最緊迫的議題。」然而，他在就任總統前，他就有著奴隸制度在道德上是錯誤的信念。

一八六三年一月，林肯表示《解放奴隸宣言》（*The Emancipation Proclamation*）是孤立南部邦聯的一項策略。北軍聯邦各州的目的不僅是要維持聯邦狀態，還附帶著要一起解放奴隸，藉此動搖南部邦聯，並試圖在國際上孤立他們。在這場戰爭中的犧牲人數，南北加起來超過六十萬人，是前所未有的慘況。蓋茨堡戰役（**Gettysburg Campaign**，一八六三年七月）是北軍逆轉勝的關鍵，在經濟能力上簡直就是由北部聯邦各州制霸。包含解放的奴隸在內，也有許多黑人士兵加入北部軍隊。戰爭結束後的一八六五年四月十五日，林肯遭到暗殺，同年十二月，依憲法修正案第十三條，廢止合眾國境內的奴隸制度。

黑人獲得了解放，在形式上獲得了自由，可以自由移動、結婚。有些人移居至西非的賴比瑞亞、西部的新墨西哥州、亞利桑那州、內布拉斯加以及堪薩斯州。然而，大多數人還是在原本的種植園主身邊以「佃農」身分維持生計。他們會被授予一部分農地，因此可以根據棉花產量，購買糧食以及民生必需品。但是，雖然從奴隸變成佃農，卻還是受到種植園主支配。種植園主的態度與奴隸制度時期並無差異。

戰後重建期，通過由共和黨激進派主導的憲法修正案第十四條、十五條，包含黑人在內的所有人皆享有公民權與投票權（男性限定）。再者，一八七五年制定《民權法案》，規定不論種族膚色，所有美國公民皆可平等居住、使用公共設施以及公共交通。

圖 4-7　奴隸解放日

（上）北卡羅來納州的北軍黑人士兵解放奴隸〔《哈波斯週刊》（*Harper's Weekly*），1864 年 1 月 23 日刊〕
（下）「等待曙光」。迎接《奴隸解放宣言》發布當天（1863 年 1 月 1 日）的黑人們（1863 年的明信片，現收藏於史密森尼美國藝術博物館）

這樣的種族平等政策遭到眾多白人反對。最後，根據美國憲法修正案第十條的解釋，除特殊案例外，任何人皆無限制他人行為之權限，對於個人行為之規範係屬各州政府權限。也就是說，各州政府可合法決定各州對於歧視黑人的處置方法。《民權法案》在實質效用方面其實相當疲弱。

因此，還出現一個以南部地區為主的《吉姆・克勞法》（*Jim Crow laws*）體制。「吉姆・克勞」一詞源自於南北戰爭以前，是一個由白人演員將臉塗黑、隨著〈蹦跳的吉姆・克勞〉（*Jump Jim Crow*）音樂起舞的角色。由於給人一種「黑人就是無知且愚蠢」的刻板印象，「吉姆・克勞」也因而成為「黑人」的代名詞。

《吉姆・克勞法》最主要的核心概念是種族隔離。具體來說，黑人被隔離在公立學校、醫院、餐廳、路面電車、公車等之外。支撐這項體制的另一個作法是讓黑人們進行識字測驗，以便實質奪取他們在各州及地方自治體的投票權。在白人優越的思維下，歧視、隔離黑人的體制持續到第二次世界大戰後，也就是一九六四年制定出新的《民權法案》為止。

接著，古巴的奴隸制度廢止運動在一八六八年十月開始的第一次獨立戰爭過程中浮上檯面。該獨立宣言中包含採用漸進式且帶有補償措施的奴隸制度廢止項目。很久以前，西班牙政府就曾提案應藉由這種方式廢止奴隸制度。話說回來，一八六九年的古巴總人口數約為一百四十萬人，其中白人有七十六萬三千人、奴隸三十六萬三千人、已解放奴隸二十萬九千人，再加上來自中國的契約移民三萬四千人。中國移民是備受期待可用來取代奴隸勞動的新勞動力，這部分後續會另行敘述。

一八七〇年六月，西班牙政府公布「西屬安地列斯群島奴隸制度廢止準備法案」，俗稱《莫蕾法案》。該法案中包含解放新生兒、高齡奴隸、加入西班牙軍的奴隸等。第一次獨立戰爭雖然於一八七八年終結，但是該場戰爭後又出現許多奴隸或是獲得解放的奴隸，結果直到一八八六年十月，古巴才完全廢止奴隸制度。

巴西方面於一八五〇年禁止奴隸貿易，之後雖然沒有再輸入新的奴隸，但是咖啡生產量持續成長。為了因應這個情形，只能夠透過巴西國內的奴隸交易。從巴伊亞等其他地區獲得的奴隸被送至巴西東南部的咖啡生產地區。據說一八五一～一八八五年間，人數達三十～四十萬人。

另一方面，十九世紀後半推動廢止奴隸制度的進展也急速前進。契機是拉普拉塔地區領地問題所引發的巴拉圭戰爭（一八六四～一八七〇年）。為了順利進行軍事行動，他們認為奴隸制度的存在是一種阻礙。因為奴隸已經無法像美國南北戰爭時期被當作兵力使用。一八七一年成立《里約布蘭科法》（*Rio Branco Law*），規定應有條件地解放新生兒。

一八七〇年代末期到一七八〇年代，相關運動人士們相當激進，奴隸本身也出現直接揭竿起義或是逃亡等行動。各地的反奴隸制度運動相當蓬勃，例如於帕特羅西尼烏（José do Patrocínio）等地組織的奴隸解放中央協會、於若阿金納布科（Joaquim Nabuco）等地組織的巴西奴隸制度反對協會。就此，政府方面制定《哥達貝吉法》（*Saraiva Cotagipe Law*），解放了六十歲以上的奴隸。

然而，此舉很明顯是政府對於廢止奴隸制度的拖延戰術，因而遭到非常激烈的批評，遂於一八八八年五月，重新制定「廢止奴隸制度、撤除所有奴隸法案」的《黃金法》（*Lei Áurea*）。

二　從奴隸到移民——十九世紀人口流動的重大變動

從奴隸勞工到契約勞工

話題回到英國。奴隸完全解放後，英屬西印度群島的種植園經濟整體衰退得相當嚴重。在砂糖生產方面，一八二四～一八三三年與一八三九～一八四六年比較起來，後者減少約三十六％。據說假設將牙買加種植園的一半勞動力轉換為僱佣勞動制，剩下一半的種植園將無法生存。

解放後，許多奴隸們離開了種植園，過上自給自足的生活。也有人因為無法自給自足而回到種植園。然而，不僅是在牙買加，放眼整個西印度群島，擁有數英畝小塊土地的人數逐漸增加。牙買加自擁土地者在一八四五年約為兩萬七千人，一八六一年增加至五萬人左右。此外，報告指出，一八五一年時，在蓋亞那約有四萬名自由黑人生活在一萬一千英畝的小型農場上。

這樣一來，勢必要有能夠支撐種植園經濟、取代黑奴的新興勞動力。為了確保勞動力，從一八三〇年代末期開始，法國與德國試著將貧困勞動人口引入千里達及托巴哥、牙買加。

然而，他們嫌棄種植園的勞動環境而逃離。此外，也有約三萬名葡萄牙人從馬德拉群島前往蓋亞那，許多人在途中因熱帶地區疾病而死亡，或是離開種植園，轉而經營零售業等。除此之外，也從自由黑人人口稠密的巴貝多、紐約、巴爾的摩等地導入自由黑人至千里達及托巴哥。從上述案例看來，用以支撐種植園的人數過少，或者即使導入外來勞動人力也有很多人想要離開種植園。

另一個方法曾在第三章中提過，就是將從獅子山殖民地解放出來的非洲人導入西印度群島。這個問題也被放在英國下議院特別委員會中討論，結論是，那些被解放的非洲人難道不會想要成為西印度群島的自由勞動者嗎？然而，對於當時被解放的非洲人來說，他們根本不想前往西印度群島，因為那會勾起他們在奴隸船上痛苦的航海回憶，而且他們曾聽說過一些關於砂糖種植園的不良傳聞。

即便如此，英國政府為了推動該計畫，表示將終止一直以來對從獅子山解放出來的非洲人們生活保障，並且協助支付前往西印度群島的船資。於是，一八四〇年代約有一萬三千五百人被引導前往西印度群島。根據推算，一八三四～一八六七年約有三萬七千名已解放的非洲人被引渡至西印度群島，一八五〇年代以後，該人數則急遽減少。

來自印度與中國的契約勞動人口

一八七〇年夏季發生了一件事。印度北部都市勒克瑙有一名叫做罕默德・謝理夫（Mohamed Chérif）的人。他曾在英國軍官身邊工作，但是該名軍官離開印度後就被迫失業。某天，在波斯市集（巴剎）有一名男子前來搭訕他，表示如果他願意前往蓋亞那的砂糖種植園，就可以得到工作，他因而同意前往。謝理夫與其他九人一同被帶往蓋亞那，同年八月二十五日搭上梅利號（一千百零六十六噸）。該艘船上共有四百四十七人與他處境相同。其中有三百零四名男性、九十一名女性、三十一名孩童、二十一名幼兒。在八十七天的航行中，有六人死亡、五名嬰兒出生。

謝理夫所締結的契約是五年約，日薪二十八分，不需要支付船資，返回印度時也不需任何費用。契約結束後可以繼續停留在蓋亞那五年，但是無法保證之後是否能夠順利返回印度。對他來說，砂糖種植園的勞力工作雖然非常辛苦，但是也逐漸適應。

一八六九～一八七〇年，有十五艘船從加爾各答抵達蓋亞那，運來約六千七百人。針對當時抵達蓋亞那、約五萬三千人進行調查後，結果發現他們幾乎都來自印度，其中有七成以上是男性，且四分之三以上是契約勞動者。

圖 4-8　千里達及托巴哥的印度勞動者（1890 年代，現收藏於南美以美大學）DeGolyer Library, Southern Methodist University

如以上案例所示，一八五〇年代以後，有許多契約勞動者來到英屬西印度群島。最早接受印度出身勞動者的是印度洋的模里西斯，一八二九年開始至一八五〇年為止，總計導入十二萬人。緊追在模里西斯之後，西印度群島也開始從印度導入勞動人力。

如前所述，早在奴隸制度廢止之前，牙買加的砂糖生產就已開始衰退，主要是因為尚未開發的土地越來越少。廢止奴隸制度後，就算已經導入約五萬七千名契約勞動者，砂糖輸出量還是大幅減少。

另一方面，蓋亞那與千里達及托巴哥是新開發的殖民地，還有相當多肥沃的土地。蓋亞那於一八五二～一九〇八年導入約三十萬名契約勞動者開拓新土地，使得砂糖輸出量增加二百七十%。千里達及托巴哥方面也於一八五〇～一八八〇年導入十六萬六千名契約勞動者，同樣讓砂糖輸出量增加二百七十%。此外，中國勞動者也在鴉片戰爭（一八四〇～一八四二年）後的一八五九～一八六六年被導入英屬西印度群島，之後則中斷了。

這樣一來，英屬西印度群島種植園的主要勞動力變成是來自印度的契約勞動者。在此想要談論的是運送他們的船隻與奴隸船的差異。

我們已經在第二章中描述過十八世紀時奴隸船的平均尺寸為一百～兩百噸。根據大衛・諾斯魯普（DavidNorthrop）的研究，一八二一～一八四三年奴隸船的平均尺寸為一百七十二噸，到了一八五八～一八七三年，載運印度契約勞動者的船舶平均為九百六十八噸，可以說相當龐大。此外，比較每一百噸裝載的奴隸及契約勞動者人數，前者為兩百五十七人，後者為四十二人。後者與奴隸船不同，乘船者比較可以在船艙及甲板上自由行動，也可以在上下舖的床上休息。

然而，從印度到西印度群島的航海距離相當漫長，就算是速度較快的飛剪式帆船也需耗時約三個月。因此，一八五一～一八七〇年，契約勞動者在航海中的死亡率約為五％，只比同時期的奴隸船死亡率低一～二％。

接著是來自中國的契約勞動者，顯著增加的時期是在鴉片戰爭過後。中國國內人口增加（一八五〇年時約有四億三千萬人）、土地不足、社會動盪不安都是推動力。雖然前往的目的地不一樣，但是限定在西印度群島與南美洲地區，並且以古巴及秘魯的比重最大。根據諾斯魯普的研究，一八四七～一八七三年以及一九〇一～一九二四年總計有十三萬八千名中國人前往古巴。此外，也同樣有十一萬七千名中國人於一八四九～一八七五年前往秘魯。

中國的契約勞動者是透過廈門、澳門、廣東、香港等據點的中國掮客招募而來，有時會遭受暴力綁架、被強制登船。根據一八七四年駐古巴的中國官員於當地進行的調查顯示，受訪的中國人當中，有八成表示自己是在啟航前被綁架或是被騙來古巴的。有人認為，八成這個數值過於誇大，但是可以想像得到，不論是在船上還是當地的種植園，他們的境遇與奴隸並無差異。

在前往秘魯的船舶當中，最惡名昭彰的就是瑪利亞・路斯號（Maria Luz）。一八七二年，瑪利亞・路斯號從澳門前往秘魯，在途中靠近橫濱時，船上的兩百三十一名中國人（苦力）被懷疑為奴隸，因而發展為國際司法案件。日本方面掌握了判決的主導權。判決結果是移民契約的內容就是奴隸契約，該契約因違反人道而失效，因此將中國人歸還給清國。

附帶一提，一八四七～一八六〇年從中國開往古巴的移民船死亡率約為十五％，比奴隸船的死亡率還高。此外，古巴的砂糖種植園在奴隸制度廢止前有四百五十二名黑人奴隸與一百二十五名中國人一起工作。中國人體驗到新興的「中間航線」苦難，發現自己簡直是如奴隸般在工作。

巴西的契約勞動者

巴西在廢止奴隸制度前也曾導入過移民勞動者，特別是在咖啡種植園中，使用了許多來自歐洲國家的移民。巴西的整體移民流入數量在一八七〇年代為十九萬人，到了八〇年代變成四十五萬人，九〇年代激增為一百二十一萬人。

咖啡生產方面雖然是由里約熱內盧打頭陣，而後逐漸被聖保羅追上，到了一八八〇年代，終於被聖保羅追過。這是因為聖保羅政府預估奴隸制度將會遭到廢止，於是積極接收移民勞動者，並且為他們支付船資。檢視聖保羅的移民勞動者資料（一八二七～一九三九年）發現，有九十五萬人來自義大利、四十五萬人來自葡萄牙、三十八萬人來自西班牙，還有十九萬人來自日本。二〇世紀初期，聖保羅的咖啡生產量約占巴西的七成。這是自奴隸改為移民後，生產情況較好的案例。

這群契約勞動者被稱作「colono」，通常是簽訂五年契約。為了確保移民勞動力穩定，政府會協助其建立家庭。此舉是為了確保夫妻兩人與包含十二歲以上的孩子，共三人以上的勞動力，讓這些非單身者可與家人一起生活、工作。因此，不論是對種植園主，還是對該移民者而言都算是相當不錯的福利制度。

從奴隸身分解放的黑人勞動者也在種植園中一起工作，但勞動條件卻相當嚴苛。必須用可以培育咖啡的成熟樹木數量來計算工資。此外，收成咖啡的實質重量如果高於標準，就會追加利潤分成。也就是說，種植園建立了一個生產力越高、收入越好的架構。因此有些人會儲蓄收入、購買土地，成為自耕農。

禁止奴隸貿易與非洲的分割

奴隸船在大西洋上橫行的時代雖然已走向終點，然而諷刺的是，禁止奴隸貿易卻成為歐洲列強將殖民地主義正當化的理由。英國政府與英國海軍搶先著手布署。如同已形成的獅子山殖民地，他們還想要再押一次寶。

西非貝寧灣沿岸的拉哥斯是大西洋奴隸貿易初期即開始進行奴隸貿易的據點，直至十九世紀中葉，亦持續進行奴隸貿易。英國的外交大臣巴麥尊於一八五〇年下令海軍司令官與拉哥斯國王締結禁止奴隸貿易條約，並放話倘若該國國王拒絕則不惜動用武力。

拉哥斯國王拒絕締結條約，英國海軍遂強行進行海上封鎖行動，並著手攻擊拉哥斯國王，而後取得勝利。國王退位後，前國王埃其多復位，英國與該國王締結廢止奴隸貿易條約。攻擊拉哥斯的新聞傳到英國國內時曾遭到批判，認為英國明明是在干預他國內政，卻以壓制奴隸貿易為目的，將其手段正當化，讓世人誤以為英國海軍的武力攻擊具有壓制奴隸貿易之重要意義，所以不得不那樣做。

巴麥尊於一八五一年公開表明：「掀掉拉哥斯這個海盜及掠奪的老巢，是每一位文明國民的義務。」將奴隸貿易定調為海盜行為，是一種超越修辭技巧的實踐意義。因為根據國際法，海盜是人類共同的敵人。世界上任何地方都不允許海盜行為＝奴隸貿易相關活動。

此外，英國對非洲各國所採取的態度，就像是大人對小孩的態度。也就是說，英國人自己決定「這樣做是為了非洲人好」，認為自己可以要求非洲人做事。認為廢止奴隸貿易制度對非洲人來說是好事。基於讓非洲「文明化」的理由，把自己介入非洲事務的行為正當化。

歐洲列強也想仿效英國這名先驅，於是打著禁止奴隸貿易的旗幟，從非洲沿岸侵入內陸。一八八四年，為了調停越演越烈的殖民地競爭，俾斯麥提議召開柏林西非會議，會中十四個列強國家共同決定「瓜分非洲」的規則。一八八九年的布魯塞爾會議決議，「將禁止奴隸貿易視為對非洲的主要外交政策」。

三 結語

奴隸制度尚未結束

美國於一八六五年、古巴於一八八六年、巴西於一八八八年廢止了奴隸制度，南北美洲的奴隸制度宣告終結。那麼，世界上的奴隸制度真的都被廢止了嗎？

答案是否定的。迄今仍存有奴隸制度。凱文・貝爾斯（Kevin Bales）於一九九九年的著作《用後即棄的人：全球經濟中的新奴隸制》（*Disposable people: New Slavery in the Global Economy*）中將現代奴隸制度稱作「新奴隸制度」，藉此與舊奴隸制度區隔。並且制定「新奴隸制度並非舊奴隸制度中所見「擁有人」這種傳統意義，而是完全「支配人」。人是用來賺錢的、完全是「用後即丟的工具」。被囚禁在新奴隸制度內的往往是較為弱勢的女性與孩童。

貝勒斯在著作中預估，至少有兩千七百萬名奴隸存在於世界上，其中有一千五百萬～兩千萬人是印度、巴基斯坦、孟加拉、尼泊爾等地的債務奴隸。除此之外，集中在東南亞、北非與西非、南非各地區，但是美國、歐洲、日本等先進國家或是世界各國也都有奴隸的存在。

再者，他在二〇一六年的著作《血與大地：現代奴隸制、環境破壞和拯救世界的祕密》（*Blood and Earth: Modern Slavery, Ecocide, and the Secret to Saving the World*）中提及全世界的奴隸數量上修為四千五百八十萬人。也就是說，現代世界的奴隸數量遠超過第一章中所述大西洋奴隸貿易時期從非洲綁架而來的人數。

回到《用後即棄的人：全球經濟中的新奴隸制》，農務作業需要更多的奴隸勞動力，除此之外，還有砌磚、挖礦、採石、賣淫、寶石加工、縫製衣物、製作地毯、家事勞務等。奴隸們製作的商品或是服務會送到全世界的消費者手中。龐大的全球化企業為了提高利益，會在發展中國家設置子公司，並且使用奴隸勞動力。奴隸化的標準與人種、民族、肌膚顏色或是宗教無關。奴隸擁有者往往會對世界上較弱小、好騙、貧困的地方趁火打劫。

隨著世界經濟全球化，第三世界的傳統家庭與支撐他們生活所需的小規模農業解體，失去生活倚靠的人們只能淪落為奴。奴隸擁有者會拚命榨取奴隸的勞動力，之後便棄之不顧。也就是說，每個人成為奴隸的時間被壓縮，當其無法為人所用時就會被隨意捨棄。

貝勒斯將現代奴隸制度分為三種型態：動產奴隸制、債務奴隸制以及契約奴隸制。動產奴隸制非常接近舊奴隸制度型態。當一個人被捕獲、賣掉後，就會長時間維持著隸屬的狀態。這樣的型態常見於北非、西非以及阿拉伯各國，但是這種型態在新奴隸制度中所占的比例較少。

債務奴隸制是基於借款、交換等理由而將自己或是家人，特別是兒童作為擔保品的一種型態。這類型不會明確訂定契約日期或是工作內容，即使付出勞力，債務也不會減少。此型態常見於印度、巴基斯坦、泰國等地。

在契約奴隸制方面，是指有契約保證受到工作室或是工廠僱用，然而有時抵達工作地點後才會發現自己是奴隸，藉由契約引誘人們進入奴隸制度，同時，契約也是讓奴隸制度看起來合法的一種手段。這種型態常見於東南亞、巴西、阿拉伯各國、印度次大陸地區。全部都是藉由暴力、迫使他人成為奴隸，以榨取為目的，違反個人自主意志將其束縛。

泰國與巴西

根據貝爾斯的著作，泰國約有三萬五千名賣淫的性奴隸。許多是從泰國北部村落被帶走的少女。介紹人會與父母交涉，給女兒標價。一名十五歲的少女約具有二十四萬日圓的價值。介紹人與父母的契約書內明確記載該筆金額會由女兒工作還款，在債務清償之前，女兒不得休假，也不得返家探親。然而，有時債務中會出現一些非法利息，所以即使女兒成為性奴隸，也永遠達不到足以清償債務的目標。例如某位少女當初的債務為二十四萬日圓，但是被介紹人帶至南部，再用四十八萬日幣賣給妓院。妓院就會直接將她的借款增加一倍。

在這種債務奴隸制下，少女們完全被妓院與經紀人所支配。在還可以賺錢的時候，她們會被關在妓院內，受到暴力支配。如果想逃離、抵抗，就會被毆打並且增加更多的債務。經過一段時間，待少女狀況變得比較穩定後，經紀人就會告訴她們：「妳的債務已經還清，可以稍微寄點錢回家了。」「債務已經還清」這件事情並沒有經過計算，而是經紀人自己決定的。因為這樣做會更容易掌控她們。

巴西雖然已經廢止奴隸制度，但是根據貝爾斯的說法，在那片廣大的國土角落中仍存在著奴隸制度。「新奴隸制度在舊有規範或是傳統生活崩壞處開枝散葉」。

另一座舞台是巴西西部的馬托格羅索州。該處產有煉鐵工廠所需的焦炭。為此，只能從遙遠的米納斯吉拉斯州運送勞動者至該處。迦特（Gittite）是一名招募製炭者的職業仲介人員，他搭乘裝載家畜用的卡車進入米納斯吉拉斯州的貧民窟，與當地人接觸並表示想要僱用一些男性，或是整個家族。已經受夠貧困的男人們對迦特的提案非常有興趣。迦特同時提供薪資以及食物等乍看之下非常吸引人的條件。於是，卡車很快就滿載，勞動者們就這樣被送往西部。

然而，一抵達製炭窯場，他們就發現自己被持槍的男人們包圍住。迦特輕蔑地對他們說：「你們向我借了太多錢。交通費加上你們的飲食費，還有給你們家人的錢，所以作夢都別想逃跑唷！」在那個瞬間，他們成為奴隸，不再是巴西市民。他們無法逃離製炭窯場、不能抱怨工作、無法取得薪水，當然也無法返家與家人見面，每天都被強迫勞動。理論上有借款，因此必須工作到還清債務為止。然而，過了好幾個月，他們也不知道借款到底還剩多少。甚至還有經常被迫累積的借款。

然而，迦特與雇主（使用者）並不認為自己擁有這些勞動者，只是想要儘可能榨取他們的勞動力而已。差不多兩年的時間，他們就會被拋棄。很多勞動者都因疲憊不堪而染病。

現代世界的奴隸船

下山晃在《世界商品與童奴》（世界商品と子供の奴隷）一書中呼籲大眾重視在西非、象牙海岸可可種植園內工作的童奴，並且在反對該行為的海報下方附上解說文字：

「甜美的巧克力中，不應隱藏著奴隸制度的苦澀。作為巧克力原料的可可都是由年幼的孩子們生產而來。那些孩子被殘酷地拐騙、販賣到象牙海岸的可可種植園內工作。有超過十萬九千名孩子在可可農園中，被迫成為『處境最慘的童工』。」

象牙海岸產的可可在全世界中有四成以上市占率。迦納、奈及利亞的可可生產活動也相當興盛。這些國家會將從鄰近的馬利、布吉納法索、多哥等販售而來的孤兒做為栽種可可的奴隸。

二〇〇一年四月二十四日的《讀賣新聞》有一篇相關報導，這篇報導受到了人們的重視。在同年四月十八日的《每日新聞》也曾刊載過相同報導。內容是奈及利亞船籍貨輪「MV Etireno」號上載有被買來做為奴隸的孩童，三月三十日自貝寧的柯多努出港航向加彭，但是遭到拒絕入境，之後轉往喀麥隆也遭拒，四月十七日返回柯多努。

貝寧政府的官方新聞表示：「船上搭載著最多兩百五十名被販售至大型農園的孩童們。」因而成為相當嚴重的問題。後續經警方調查，船上確認只有四十名孩童，而且大多數是為了與親人前往新天地生活而搭船的孩子，但是從多哥以及馬利來的幾名孩童卻是單獨搭船。當地聯合國相關人員質疑：「難道是（在途中）把孩子們投入海中了嗎？」

或許在現代也正發生著與十八世紀奴隸船——宗號船類似的狀態。根據下山的描述，之後調查發現，那些被安置在船艙內的孩子們，正準備要被販賣、送入種植園。

聯合國兒童基金會（UNICEF）以及人權團體表示，西非奴隸商人會以一人約十五美金買下孩子，讓他們前往可可農場以及咖啡農場工作，少女們則可能會成為性奴隸。迦納大學歷史學系主任 Nana 指出：「西非曾被稱作奴隸海岸，從十六世紀到十九世紀有超過一千人被輸出至南北美洲及加勒比海各國。而今只是改換了輸出地點，人口販賣卻是從那個年代持續迄今。」

「反奴隸制度國際組織（Anti-Slavery International）」將總部設置於倫敦，這個國際組織是在暴露、揭發現代奴隸制度實態，期望能夠消滅它們。其前身是一八二三年於倫敦成立的「反奴隸制度協會」、一八三九年約瑟夫‧斯特奇等人成立的「英國暨國際反奴隸制度協會」，以及隔年一八四〇年於倫敦舉辦的反奴隸制度國際會議。多年來，該組織致力於舉辦相關活動至今，期望能夠消除奴隸制度、強迫勞動、奴隸交易等。

該組織網站中（https://www.antislavery.org/）刊載著一名十五歲少女的故事。她出生於奈及利亞，透過某位女性引薦來到英國。初來乍到的第一天，某位男性就進入她的房間並性侵了她。那天之後，她就淪為一名妓女，每天都會遭到好幾名男性染指。

如前述，現代世界上仍有著奴隸制度，人口販賣或是奴隸貿易依舊盛行，有時甚至連奴隸船都明目張膽地來去自如。奴隸船與奴隸制度並非已逝的問題，國際勞工機構（ＩＬＯ）的報告中亦指出，在二〇一六年時，現代社會約有四百零三萬名奴隸存在。

二〇一八年十二月，澳洲頒布《現代奴役法案》（*Modern Slavery Act*）。在該國經商，年銷售額超過一億澳幣（約七十九億日圓）的企業每年必須報告包含往來客戶的強迫勞動預防策略。當然，在當地經商的日本企業也在對象之列。這是一項防止出現強迫勞動以及童工等侵害人權的措施。澳洲政府會將報告書上傳並在網路上公開。在加州（二〇一二年）、英國（二〇一五年）、法國（二〇一七年）等地也已頒布了同樣的法律。

企業公開表態將如何處理強迫勞動與人權侵害等問題這一點相當重要，有問題的企業會失去消費者及股東們的支持。如同英國廢奴運動人士曾經發起過的拒買砂糖運動，在消費者的檢視下，為遍布全球的奴隸勞動與童工發聲抗議是相當重要的事情。

後記

我原本並沒有那麼喜歡歷史。高中時期，我喜歡世界史更勝於日本史，但是最喜歡的其實是化學。大學時期專攻化學工程。一九六八年進入大學那年，或許可說是我人生的轉捩點。當時日本全國發生一些公害問題，並且正在進行四大公害訴訟。我因而認為不能單純地只念化學。

大學畢業後，我進入民間機構負責開發設計等工作，約六年後離職。由於不想專研正統的經濟學，所以剛開始時，我是自學，想試試看自己的能力，之後進入同志社大學碩士班。我碩士論文選擇的題目是「卡爾・波蘭尼（Karl Polanyi）」。然而，我一直無法從中展望未來之道。雖然當時也有讀到非洲相關的內容，但是如果要做田野調查又覺得太過遙遠。

因此，我博士課程選擇的題目是「大西洋奴隸貿易」。我最先開始接觸的書籍是曾在第一章中提及的埃里克・威廉姆斯《資本主義與奴隸制度》以及菲利普・科汀的《大西洋奴隸貿易——一份統計調查》。從歐洲、非洲，擴展到新世界的廣大世界，就此開啟持續三十多年的研究。

二〇一八年三月左右，岩波書店編輯部的杉田先生前來邀約，詢問我是否有意願撰寫一本關於「奴隸船的世界史」的新書。說真的，我很久以前就想要試著整理「大西洋奴隸貿易史」相關內容，題目改為「奴隸船」恐怕有些差異，也擔心自己是否寫得出來，因此考慮了一週左右，得出的結論是要積極面對這件事情。雖然焦點放在奴隸船上，但是或許能夠透過大西洋奴隸貿易、奴隸制度、相關廢止運動等鮮活地描繪出當時人們的狀態。

關於奴隸船的航海情形，可以運用TSTD1、2資料庫，分別得知當時具體的狀況。約翰・牛頓以及艾奎亞諾的故事已出版成傳記，可以藉此了解他們的生平與事蹟。英國的奴隸貿易與奴隸制度廢止方面也已撰寫成論文，因此只需參照上述資料、彙整成容易理解的書籍內容即可。然而，光是英國並不足以代表整個世界史，必須儘可能加入其他各國的狀況，對我來說就是一項新的挑戰。

開始進行大西洋奴隸貿易史研究以來，承蒙多位教授予以指導。龍谷大學名譽教授池本幸三先生惠賜我諸多建議，甚至願意出借寶貴資料。這次也向教授借到「愛米斯塔特號（La Amistad）」相關資料。此外，亦必須特別感謝曾於研究所時期給予我諸多指教、現已辭世的入江節次郎教授與藤村幸雄教授。在此將本書獻給三位教授。

前述已提及，本書執筆之際，亦將TSTD2作為基礎資料之一，目前已設有網頁版，內容方面也更加精進。奴隸船的航海件數增加為三萬六千件，此外，不僅是在大西洋間的奴隸貿易，南北美洲（包含加勒比海諸島）間的奴隸貿易亦收錄在資料庫內。因此現在已經可以檢索得到「愛米斯塔特號」相關資料。

其中有一篇相當有趣的論文——內森・努恩（Nathan Nunn）的〈奴隸貿易會對非洲帶來怎樣的影響?〉（*The long-term effects of Africa's slave trade*）〔傑德・戴蒙（Jared Diamond）／詹姆斯・A・羅賓森（James A. Robinson）編著，《歷史的自然實驗》（*Natural Experiments of History*），二〇一〇年初版〕。該篇論文最後的結論是：「可以確定非洲是最多奴隸被運送出去的地方，非洲也是今日最貧窮的區域。」這也是我們接下來必須持續思考的課題。

最後，還要感謝岩波書店編輯部杉田守康先生，從最初的目錄設計、文章校閱、圖表製作等至完成本書，皆承蒙您諸多照顧。本書說是杉田與筆者共同作業的成果也不為過。特此表達感謝之意。

布留川正博

主要參考文獻

・アズララ『ギネー発見征服誌』長南実訳，『アフリカ航海の記録』大航海時代叢書第Ｉ期2，岩波書店，1967年
・オラウダ・イクイアーノ『アフリカ人，イクイアーノの生涯の興味深い物語』久野陽一訳，研究社，2012年
・池本幸三・布留川正博・下山晃『近代世界と奴隷制――大西洋システムの中で』人文書院，1995年
・池本幸三『歴史としてのアミスタッド号事件』上，『龍谷大学経営学論集』第39巻第3・4号，2000年3月
・伊東俊太郎『十二世紀ルネサンス――西欧世界へのアラビア文明の影響』岩波書店，1993年，講談社学術文庫，2006年
・エリック・ウィリアムズ『資本主義と奴隷制――ニグロ史とイギリス経済史』中山毅訳，理論社，1978年

・エリック・ウィリアムズ『コロンブスからカストロまで――カリブ海域史，1492-1969』I・II，川北稔訳，岩波現代選書，1978年，岩波現代文庫，2014年
・I.ウォーラーステイン『近代世界システム――農業資本主義と「ヨーロッパ世界経済」の成立』I・II，川北稔訳，岩波現代選書，1981年，新版，名古屋大学出版会，2013年
・ジェームズ・ウォルヴィン『奴隷制を生きた男たち』池田年穂訳，水声社，2010年
・デイヴィッド・エルティス／デイヴィッド・リチャードソン『環大西洋奴隷貿易歴史地図』増井志津代訳，東洋書林，2012年
・笠井俊和『船乗りがつなぐ大西洋世界――英領植民地ボストンの船員と貿易の社会史』晃洋書房，2017年
・カダモスト「航海の記録」河島英昭訳、『西アフリカ航海の記録』大航海時代叢書第I期2，岩波書店，1967年
・神代　修『キューバ史研究――先住民社会から社会主義社会まで』文理閣2010年
・児島秀樹『ダホメの宝貝通貨と奴隷貿易』「明星大学経済学研究紀要」第37巻第1号，2005年12月
・コロンブス『コロンブス航海誌』林屋永吉訳，岩波文庫，1977年

・カレン・ザイナート『アミスタッド号の反乱』黒木三世訳、瑞雲舎，1998年

・C.L.R.ジェームズ『ブラック・ジャコバン――トゥサン＝ルヴェル　チュールとハイチ革命』青木芳夫監訳，大村書店，1991年

・ロナルド・シーガル『ブラック・ディアスポラ――世界の黒人がつくる歴史・社会・文化』富田虎男監訳，明石書店，1999年

・下山　晃『世界商品と子供の奴隷――多国籍企業と児童強制労働』ミネルヴァ書房，2009年

・デイヴィッド・ダビディーン『大英帝国の階級・人種・性――W・ホガースにみる黒人の図像学』松村高夫・市橋秀夫訳，同文館出版，1992年

・田村　理「イギリス奴隷貿易廃止運動史研究の射程――「ウィリアムズ理論」，「モラル資本」論をこえて」『北大史学』第50号，2010年12月

・デフォー『ロビンソン・クルーソー』上，平井正穂訳，岩波文庫，1967年

・徳島達朗『アボリショニズム研究――『過去と向き合う』：強制連行・奴隷制』梓出版社，2002年

・長澤勢理香『18世紀後半におけるイギリス奴隷貿易の支払手段およびその重要性』同志社大学・学位論文，2013年3月

・長澤勢理香「奴隷ファクター――大西洋奴隷貿易における現地在住奴隷販売人の役割」『社会経済史学』第82巻第1号，2016年5月
・並河葉子「イギリスにおける反奴隷制運動と女性」『神戸市外国語大学外国学研究』第85号，2013年3月
・ジョン・ニュートン『「アメージング・グレース」物語――ゴスペルに秘められた元奴隷商人の自伝』中澤幸夫編訳，彩流社，2006年
・チャールズ・H.ハスキンズ『十二世紀ルネサンス』野口洋二訳，創文社，1985年
・ジェームズ・M.バーダマン『アメリカ黒人の歴史』森本豊富訳，NHK出版，2011年
・浜忠雄『カリブからの問い――ハイチ革命と近代世界』岩波書店，2003年
・平田雅博『内なる帝国・内なる他者――在英黒人の歴史』晃洋書房，2004年
・藤井真理『フランス・インド会社と黒人奴隷貿易』九州大学出版会，2001年
・布留川正博「アシエント奴隷貿易史――イギリス南海会社のスペイン領アメリカへの奴隷貿易を中心にして」(1)(2)『経済学論叢』（同志社大学）第36巻第2号，同第3・4号，1985年9月，同11月
・布留川正博「15、16世紀ポルトガル王国における黒人奴隷制――近代奴隷制の歴史的原

像」(1)(2)『経済学論叢』(同志社大学)第40巻第2号，同第3号，1988年11月，1989年2月

・布留川正博「ウィリアムズ・テーゼ再考——イギリス産業革命と奴隷制」『社会科学』(同志社大学)第46号，1991年3月。

・布留川正博「イギリスにおける奴隷貿易廃止運動——London Abolition Committee の活動を中心に」『龍谷大学経営学論集』第37巻第4号，1998年3月。

・布留川正博「エリック・ウィリアムズの(衰退理論)再考——奴線貿易廃止期における英領西インドの経済」『経済学論叢』(同志社大学)第54巻第4号，2003年3月。

・布留川正博「イギリスのアボリショニズムとシエラ・レオネ植民地」『経済学論叢』(同志社大学)第57巻第4号，2006年3月。

・布留川正博「近代奴隷制崩壊へのプレリュード——19世紀前半におけるブラジルの奴隷貿易とその廃止」池本幸三編『近代世界における労働と移住——理論と歴史の対話』阿吽社，1992年。

・布留川正博「19世紀前半シエラ・レオネにおける解放アフリカ」『経済学論叢』(同志社大学)第6巻第3号，2008年12月。

・布留川正博「イギリスにおける奴隷制廃止運動——漸進的廃止から即時廃止へ」『経済

学論叢』（同志社大学）第62巻第1・2号，2010年9。
・布留川正博「イギリスにおける年季奉公人制の廃止，1834-38年」『経済学論叢』（同志社大学）第64巻第3号，2013年3月。
・布留川正博「大西洋奴隷貿易の新データベースの歴史的意義」『同志社商学』第66巻第6号，2015年3月。
・布留川正博「奴隷制と奴隷貿易からみたブラジル」富野幹雄編『グローバル化時代のブラジルの実像と未来』行路社，2008年。
・フェルナン・ブローデル『地中海』全10巻，浜名優美訳，藤原書店1999年。
・ケビン・ベイルズ『グローバル経済と現代奴隷制』大和田英子訳，凱風，2002。
・ケビン・ベイルズ『環境破壊と現代奴隷制――血塗られた大地に隠された真』大和田英子訳，凱風社，2002年。
・カール・ポランニー『経済と文明』栗本慎一郎・端信行訳，サイマル出版，1975年，ちくま学芸文庫，2004年。
・R. メジャフェ『ラテンアメリカと奴隷制』清水透訳，岩波現代選書，1979年。
・森建資『雇用関係の生成――イギリス労働政策史序説』本鐸社，1988年。
・マーカス・レディカー『奴隷船の歴史』上野直子訳，みすず書房，2016年。

・N.ワシュテル『敗者の想像力――インディオのみた新世界征脳』小池佑二訳，岩波書店，１９８４年。
・W.モンゴメリ・ワット『地中海世界のイスラム――ヨーロッパとの出会い』三木亘訳，筑摩書房，１９８４年。ちくま学芸文庫，２００８年。
・R. Anstey, *The Atlantic Slave Trade and British Abolition, 1760-1810*, Macmillan, 1975.
・R. Blackburn, *The Overthrow of Colonial Slavery 1776-1848*, Verso, 1988.
・C. L. Brown, *Moral Capital: Foundations of British Abolitionism*, Chapel Hill, 2006.
・R. Burroughs/R. Huzzey, eds., *The Suppression of the Atlantic Slave Trade: British Policies, Practices and Representations of Naval Coercion*, Manchester U. P., 2015.
・E. Christopher, *Slave Ship Sailors and Their Captive Cargoes*, 1730-1807, Cambridge U. P., 2006.
・T. Clarkson. *The History of the Rise, Progress and Accomplishment of theAbolition of the African Slave-Trade, by the British Parliament*, I, II, Frank Cass & Co. Ltd., 1968 (First Published 1808).
・R. Coupland. *The British Anti-Slavery Movement*, Frank Cass, 1964 (First Published 1933).
・M. Craton, *Testing the Chains: Resistance to Slavery in the British Wort Indies*, Cornell U. P., 1982.
・P. D. Curin. *The Atlantic Slave Trade: A Census*, Univ. of WisconsinPress, 1969.
・S. Drescher, *Econocide: British Slavery in the Era of Abolition*, Univ. orPitsburgh Press, 1977.

- S. Drescher, *Capitalism and Antislavery: British Mobilization in Comparative Perspective*, Macmillan 1986.
- P. Duignan/L. H, Gann. *The United States and Africa: A History*, Cambridge U. P., 1984.
- D. Eltis/D. Richardson, eds., *Extending the Frontiers:Essays on the New Transatlantic Slave Trade Database*, Yale U. P., 2008.
- R. Furneaux, *William Wilberforce*, Hamish Hamilton Ltd. 1974.
- H. A. Gemery/J. S. Hogendorn, eds., *The Uncommon Market: Essays inthe Economic History of the Atlantic Slave Trade*, Academic Press, 1979.
- B. W. Higman, *Slave Populations of the British Caribbean, 1807-1834*, The Press Univ. of the West Indies, 1995.
- J. E. Inikori, “Measuring the Atlantic Slave Trade: An Assessment of Curtin and Anstey”, *The Journal of African History*, Vol. 17, No 2, 1976.
- J. Jennings, *The Business of Abolishing the British Slave Trade, 1783-1807*, Frank Cass & Co., 1997.
- H. S. Klein, *The Middle Passage: Comparative Studies in the AtlanticSlave Trade*, Princeton U. P., 1978.

- P. E. Lovejoy, "The Volume of the Atlantic Slave Trade: A Synthesis". *The Journal of African History*, Vol. 23, No. 4, 1982.
- C. Midgley, *Women Against Slavery: The British Campaigns, 1780-1870*, Routledge, 1992.
- B. R. Mitchell/P. Deane, *Abstract of British Historical Statistics*, Cambridge U. P., 1962.
- K. Morgan, "Liverpool's Dominance in the British Slave Trade, 1740-1807", *Liverpool and Transatlantic Slavery*, Edited by D. Richardson/S. Schwarz/A. Tibbles, Liverpool U. P., 2007.
- N. Myers, *Reconstructing the Black Past: Blacks in Britain 1780-1830*, Frank Cass, 1996.
- D. Northrup, *Indentured Labor in the Age of Imperialism, 1834-1922*, Cambridge U. P., 1995.
- J. R. Oldfield, *Popular Politics and British Anti-Slavery: The Mobilizationof Public Opinion against the Slave Trade 1787-1807*, Univ. of Manchester Press, 1995.
- C. Palmer, *Human Cargoes: The British Slave Trade to Spanish America, 1700-1739*, Univ. of Illinois Press, 1981.
- D. R. Peterson, ed., *Abolitionism and Imperialism in Britain, Africa, and the Atlantic*, Ohio U. P., 2010.
- W. D. Phillips, Jr. *Slavery from Roman Times to the Early TransatlanticTrade*, Univ. of Minnesota Press, 1985.

- D. Pope, "The Wealth and Social Aspirations of Liverpool's Slave Merchants of the Second Half of the Eighteenth Century", *Liverpool andTransatlantic Slavery*, Edited by D. Richardson/S. Schwarz/A. Tibbles, Liverpool U. P., 2007.
- D. Richardson, "Shipboard Revolts, African Authority, and the Atlantic Slave Trade", *William and Mary Quarterly*, Vol. 58, No. 1, Jan. 2001.
- A. C. de C. M. Saunders, *A Social History of Black Slaves and Freedmen in Portugal 1441-1555*, Cambridge U. P., 1982.
- B. L. Solow/S. L. Engerman, eds., *British Capitalism and CaribbeanSlavery: The Legacy of Eric Williams*, Cambridge U. P., 1987.
- D. Turley, *The Culture of English Antislavery, 1780-1860*, Routledge, 1991.
- J. Vogt, *Portuguese Rule on the Gold Coast 1469-1682*, Univ. of Georgia Press, 1979.
- British Parliamentary Papers.

https://www.slavevoyages.org

https://www.antislavery.org

Note

Note

國家圖書館出版品預行編目資料

奴隸打造帝國：征服、殖民、剝削,從奴隸船看資本主義的喋血貿易 / 布留川正博作；張萍譯. -- 初版. -- 新北市：智富出版有限公司，2021.06
面；　公分. --（Story；17）

ISBN 978-986-99133-6-2（平裝）

1. 奴隸制度　2. 世界史

546.2　　110003379

Story 17

奴隸打造帝國：征服、殖民、剝削，從奴隸船看資本主義的喋血貿易

作　　者／布留川正博
譯　　者／張萍
主　　編／楊鈺儀
編　　輯／李雁文
封面設計／ Chun-Rou Wang
出 版 者／智富出版有限公司
地　　址／（231）新北市新店區民生路 19 號 5 樓
電　　話／（02）2218-3277
傳　　真／（02）2218-3239（訂書專線）
劃撥帳號／ 19816716
戶　　名／智富出版有限公司　單次郵購總金額未滿 500 元（含），請加 60 元掛號費
世茂網站／ www.coolbooks.com.tw
排版製版／辰皓國際出版製作有限公司
印　　刷／傳興彩色印刷有限公司
初版一刷／ 2021 年 6 月

I S B N ／ 978-986-99133-6-2
定　　價／ 360 元